管理者になったら読んでおきたい

営業店マネジメントのすべて

杉谷哲夫 著
Tetsuo Sugiya

経済法令研究会

はじめに

　20年以上にわたり、金融業界はもとより多くの業種・業態の企業人を対象とした人材育成事業に従事する機会に恵まれてきました。この期間は、日本経済が停滞を続ける厳しい経営環境下で、すべての企業が生き残りを賭けた熾烈な企業間競争を繰り広げてきた時代と重なります。

　金融業界における人材教育は、この20年間でどう変化してきたでしょうか。バブル崩壊に始まる日本経済の混乱と金融行政上の規制緩和・金利自由化が、ほぼ同時並行して進行しました。激動する経営環境変化に適応すべく、すべての金融機関で大幅な人員削減や統廃合など、まさに身を削る改革が断行されるとともに、数々の新事業分野への進出も活発に行われ、その流れは現在も続いています。いきおい人材育成分野では、生き残りを賭けた速効性ある金融知識習得研修や各種技能教育が重点的に推進されました。一方で、社会人に必要とされる職業観を養い、それぞれの職位に応じた役割についての自覚を促す階層別教育は、新入行職員対象の研修を除くと、低調であった感を免れません（管理者対象研修も盛んに行われましたが、多くは人事評定確認的色彩が濃いものでした）。また、残念なことに、日本企業の強みの源泉でもあった職場内ＯＪＴ教育は、次第にその機能不全が指摘されるようになりました。

　しかし、人材格差は企業間格差を生むと言われます。金融業界ではこの傾向が顕著に表れます。金融業界の発展を長期的観点で捉えると、お客様からの真の期待に応えることができる行職員の育成は、必要不可欠です。自らが主体的に組織活性化を図り、地域経済や金融機関の成長に繋がる活動を積極的に推進する気概ある行職員を育てるための体系的な階層別教育を、今以上の力を注ぎ、推進していくべきでしょう。ことに業績目標達成のために日々限界的な努力を重ねている営業店管理者には、目先の収益競争に振り回されて本来金融機関に期待されているはずの使命感を見失うことがないよう、階層別教育を粘り強く推進していくことが極めて重要なのです。

このような思いから、本書では、営業店管理者の日常的な活動におけるマネジメントの全容はもちろんのこと、将来の金融界を背負うであろう管理者世代の方々に必要と考えられる職業観や今後取り組んでいただきたい事柄について、数々の事例を交えながら体系的に整理し、解説いたしました。営業店管理者の任に当たっておられる方はもちろん、管理者の仕事に関心をもって読まれる方すべてのお役に立つことができれば、これ以上の喜びはありません。

　本書を完成の運びとすることができたのは、東海銀行（現三菱東京ＵＦＪ銀行）や株式会社東海総合研究所（現三菱ＵＦＪリサーチ＆コンサルティング株式会社）でお世話になった諸先輩ならびに同僚の方々が、未熟な私をここまで導いてくれたおかげです。また、経済法令研究会、本社営業部の北出武史氏からの励ましや、同出版事業部の菊池一男氏、西牟田隼人氏からの的確なアドバイスがなければ、本書は完成できませんでした。心より御礼申し上げます。

　最後に、95歳にして今でも元気に私を励ましてくれる母と、いつも温かく見守っていてくれる妻に、感謝の言葉を添えたいと思います。

2013年7月

杉谷哲夫

目　次

序　章　金融機関の使命とは

１．金融業界における経営環境変化への対応　2
(1) 高度成長時代からバブル崩壊までの変遷　2
(2) 経営環境変化に対応した５つの施策　3
(3) 再構築が求められる金融機関のビジネスモデル　6

２．金融機関の事業コンセプトの変化と求められる行職員像　6
(1) 資金繰りへの的確な対応　6
(2) 各種情報の収集と伝達　7
(3) 経営支援・コンサルティング機能の発揮　7

第１章　職場の組織構造と管理者の立場

１．職場組織が成立するための要素と目的・目標の重要性　10
(1) 組織の３要素　10
(2) 目的意識・目標意識の重要性　12

２．職場活動の基本構造　14
(1) 職場組織と"戦略"、"戦術"　14
(2) 管理者にも必要な"戦略"発想　17

３．管理者の立場について　18
(1) 職場内での管理者の立場　18
(2) お客様に対する管理者の立場　19

４．管理者の現状について　19
(1) 常に挑戦的な目標と向き合っている　20
(2) 同時並行的に多くの仕事を抱えその内容も頻繁に変わる　21

(3)　様々な働きかけが断続的に発生するため表層的な判断に頼った仕事をしてしまう　22
　(4)　多くの情報収集手段と人的ネットワークで情報の洪水の中に身を置いている　23
　(5)　部下に比べ支店長等の上司との接触は想像以上に少ないのが一般的である　23
　(6)　様々な権限が与えられているがその権限は十分に行使されていない　24

第2章　管理者に求められる役割

1．管理者に求められる役割の全体像　26
2．管理者に求められる役割の内容　27
　(1)　対人関係の役割　27
　(2)　情報関係の役割　33
　(3)　意思決定の役割　40
3．期待される女性管理者　49
　(1)　女性管理者を取り巻く職場環境　49
　(2)　女性ならではの強みを発揮して期待に応えよう　51

第3章　職場の目的・目標と達成に向けた取組み

1．経営理念とは　56
2．業務計画策定上の課題　60
　(1)　過去の延長線上で業績目標の水準が設定される　60
　(2)　数値目標達成までの進め方が不明確なままである　61
3．目標の共有化に向けた取組み　62
　(1)　目標達成までのストーリーの作成法　64
　(2)　部門業務計画書策定のタイムスケジュール例　67

4．業績目標の進捗管理　69
　⑴　マネジメント・サイクルについて　69
　⑵　業績目標設定後の具体的な進捗管理の進め方　72

第4章　職場のリーダーシップ

1．管理者とリーダーシップ　76
　⑴　管理者機能マトリクス　76
　⑵　フィード・バックとフィード・フォワード　77
　⑶　マネジャーとリーダーの違い　77
2．課題設定・課題解決型のリーダー活動　78
　⑴　「問題」とは　78
　⑵　課題設定・課題解決型リーダーになろう　79
3．リーダーシップとその源泉について　80
　⑴　リーダーシップとは　80
　⑵　リーダーシップの特性　81
　⑶　リーダーシップを発揮するパワーの源泉とその鍛え方　83
4．職場での具体的なリーダーシップ活動　90
　⑴　フォロアーシップ（＝上司補佐）　90
　⑵　メンバーシップ（＝同僚に対するリーダーシップ）　97
　⑶　狭義のリーダーシップ（＝部下に対するリーダーシップ）　104
5．数々の動機づけ理論　112
　⑴　アブラハム・マズローの「欲求の5段階説」　113
　⑵　ダグラス・マグレガーの「X理論・Y理論」　113
　⑶　ハーズバーグの「動機づけ、衛生理論」　114

第5章　職場のコミュニケーション

１．コミュニケーションの基本原則　118
　（１）　コミュニケーションの重要性　118
　（２）　コミュニケーションが成立するための要件　119

２．職場でのコミュニケーション事例　124
　（１）　各種経営情報・営業情報を部下に迅速に伝達する仕組み作り　124
　（２）　上司から部下に発する指示・命令の最適化　125
　（３）　「命令一元化の原則」と報告義務　127
　（４）　「アクティブリスニング法」を活用する　129
　（５）　係間の情報の共有化を迅速かつ確実に行う　131

３．お客様とのコミュニケーション事例　133
　（１）　自金融機関や営業担当者本人の自己紹介　133
　（２）　お客様の声を経営に活かす仕組み作り　135
　（３）　「仮説設定話法」による課題解決策の提案　137
　（４）　金融機関内部の規則やルールをお客様に伝える方法　139

第6章　部下育成の進め方

１．部下育成を進めるにあたっての前提条件　144
　（１）　職場に必要な部下育成のための３要素　144
　（２）　部下を育成する管理者の３条件　145

２．職場教育の全体像　149
　（１）　職場教育で指導・育成すべき内容　149

３．職場教育の３つの柱　160
　（１）　ＯＪＴ（＝On the Job Training：現場教育）　161
　（２）　Off-ＪＴ（＝Off the Job Training：集合研修）　163
　（３）　ＳＤ（＝Self Development：自己啓発）　165

４．部下育成の具体事例　167

第7章　優れた管理者の要件

1．人生の中の職場生活　174
2．金融機関の事業に自負心を持つ　176
3．プロフェッショナルであり続けよう　177
   (1)　融資事業に関する知識を有していること　178
   (2)　経営者と経営談義ができるスキルを有していること　179
   (3)　管理者としてプロフェッショナルであること　181
4．王道を歩む　184
5．生涯を通して成長を続ける　185

序章
金融機関の使命とは

　『企業とは、環境適応業である』という格言がある。「外部の環境変化に適応すべく、自らを変えることのできる生物のみが生き残る」というダーウィンの法則は、企業の世界にも当てはまる。経営環境が激動を続ける現在、その環境変化を真摯に受け止め、経営者・従業員が一丸となり事業改革に積極的に取り組むことのできる企業のみが生き残ることができるのである。
　金融業界でも、外部の様々な環境変化への的確な対応が必要であることに変わりはない。本論に入る前に序章では、日本経済社会を巡る構造変化の中で、金融業界がどのような努力を払い、新たな環境に適応してきたのかを概観し、これからの金融機関に求められる社会的な使命について考える。

1. 金融業界における経営環境変化への対応

(1) 高度成長時代からバブル崩壊までの変遷

　高度成長時代、企業部門は国内外からの旺盛な需要を賄うだけの生産に必要な設備投資を続け増産体制を維持発展させていこうとしたために、総じて資金不足の時代が続いた。その資金を供給したのが家計部門である。金融機関は、家計部門に蓄積された資金を預貯金として吸収し、その資金を企業部門へ融資する、資金の仲介機能を存分に発揮した。

　一方、政府・日銀はその資金フローを側面から支援すべく、公定歩合を使った金利水準のコントロールを行った結果、日本経済は全体として成長の歯車をうまく回すことができた。企業は、自己資本比率が低い状態でも金融機関からの間接金融に頼ることにより、成長を続けることができた。その間金融機関は、旺盛な企業の資金ニーズに的確に対応すべく、市場に出回る資金を懸命に預貯金として受け入れる一方、融資事業を通じて効率的・効果的な資金運用を図り、結果として金融市場の効率化・活性化を達成していった。その活動を通じて、金融機関の経営は規制金利の下で一定水準の預貸金利鞘を確保でき、安定した経営状態を維持し成長を続けることができた。

　ところが1985年のプラザ合意を境に、金融機関を取り巻く経営環境は一変することとなる。円高対策として実施された超金融緩和政策に基づき市中には潤沢な資金が放出される一方で、高度成長期から成熟期を迎えつつあった日本には、重厚長大と言われたかつての基幹産業や繊維産業・自動車産業の勃興期に起きたような旺盛な実需に基づく設備投資資金ニーズは、すでになかった。

　さらに大企業・中堅企業を中心に、増資や債券発行により市中から直接資金を調達する直接金融市場が急拡大した影響も加わり、これまで旺盛な資金需要に支えられ事業拡張を続けてきた金融機関は、行き場を失った多額の資金を抱えることとなったのである。その結果発生したのが、実需を伴わない土地や有価証券への投機的な投資に始まるバブル経済の出現とその後のバブ

ル崩壊、そして多額の不良債権処理に追われた1990年代以降における「失われた20年」の到来である。

1990年代には、国際的な金融自由化（いわゆる「金融ビックバン」）の波が日本にも加速度的に押し寄せ、各種規制緩和とともに金融業界は貸倒損失額の増加と預貸金利鞘の縮小を同時に経験する、まさに「金融機関苦悩の時代」を迎えることとなったのである。

(2) 経営環境変化に対応した５つの施策

それではこの厳しい経営環境変化に対して、金融機関はどのような施策を展開し逆境に対応してきたのであろうか。

環境適応業としての金融機関は、この時代に主に次の５つの施策を展開したと考えられる。この施策は、実のところ一般企業が事業再生時に行う対策と基本的な違いはなく、その観点から眺めると大変興味深い。

① 遊休土地・建物や有価証券など本業に直接関係しない資産の売却

どんな企業でも、経営が危機に直面した際、まず最初にとる対策は、本業に影響しない資産の取崩しである。保養施設や行職員寮等の福祉関連の諸施設をはじめ、職場内クラブ活動や文化活動を廃止・縮小し売却した。また、余資で運用していた株式や債券・ゴルフ場等の利用権を売却し、貸倒引当金繰入資金等に充当した。

これらの施策は、目に現れる形で最終損益の改善に役立ち急場をしのぐ対策として効果を発揮する。しかし残念ながら、抜本的な経営体質の改善とは相容れないものであり、長続きするものではない。

② 組織機構の改革による生き残り策の推進

金融業は、人件費およびコンピュータや店舗等の設備投資に伴う減価償却費が毎年多額に発生する高固定費型のストック産業である。利鞘が縮小するなかでは、利益が急激に減少し赤字転落により経営持続が危機に陥る、もろい側面を体質的に有している。

そこで、バブルの崩壊を境に、金融機関同士の統廃合が盛んに行われるとともに、法人顧客取引を行う総合サービス型店舗を中核として周囲に個人顧客専用店舗や自動機専用店舗を配するなど、営業店の機能分化によるコスト削減対策を積極的に推し進めた。

③　各種固定費を中心としたコスト圧縮
　各金融機関内部の事務部門でも様々なコスト削減策が展開された。標準化や専門化を加速させ合理化を推進するとともに、品質向上が期待できる融資内部事務を初め、自動機のメンテナンス業務・集金業務などが各営業店から本部へ集約化された。また、内部事務部門だけでなく、渉外部門やテラー部門においても、各種自動化機器への投資を積極的に推進した。

　これら上記②および③による合理化・効率化施策の実施により、行職員数の大幅な削減や非正規雇用行職員への切り替えが可能となり、1店舗あたりの行職員数は大幅に削減され、人件費および減価償却費が大幅に抑制されることとなった。

　統計的には、1980年から2010年までの30年間に、金融機関の数は（農協・労働金庫を除いて）約1,100社から約560社へとほぼ半減するとともに、行職員数は約66万人から約44万人になり、全行職員の3分の1にあたる約22万人という、大幅な人員が削減された。一方で、店舗の数は、約20千店舗から約23千店舗へと1割強増加した。

　業務内容の多様化と営業店人数の削減が同時に進み、一人が多くの業務を兼任することになり、これ以上の原価削減は別のリスクを生む可能性もあると指摘されるまでになった。多くの金融機関で、従来方式によるコスト圧縮は限界点に近づいていると思われる。

　今後の合理化・効率化対策の切り口は、一金融機関の枠を超えた金融業界全体での総合的な取組みや、他業界の知恵から学ぶ抜本的な改革が必要な段階に来ていると考えられる。

④ 新規事業開発ならびに既存商品・サービスの拡充

①〜③に掲げた資産の圧縮とコスト削減だけでは経営を長続きさせることはできない。収益力の向上が、次に行うべき経営課題となる。金融界では、金融工学を駆使し伝統的な金融商品から派生した様々なデリバティブ取引を手掛けるなど、リスク商品への進出を図った。また、有価証券・年金保険や各種投資信託に加え、医療保険・がん保険など個人預かり資産勘定分野への営業推進を積極的に行い、役務収益の増大を図った。さらには、資金需要が細った法人対象融資に変わる融資対象として、住宅金融公庫の業務縮小や減税政策で比較的資金需要が続いた住宅ローン分野への事業拡充を図った。

⑤ 新市場開拓

さらに、経営再建対策としての新たな市場開拓も重要なテーマである。大手金融機関を中心に、海外の店舗拡充を図る一方で、多くの地域金融機関で企業の海外展開を支援する体制の整備を目指して、海外金融機関や情報機関との提携や連携の強化を図るとともに、海外取引に強い人材の育成を行った。また、地方経済の衰退に対応すべく、経済活動が相対的に活発な三大都市圏に、重点的に新店舗開設を行う第一・第二地銀が現れた。さらに、富裕層や比較的資金が潤沢と思われる団塊の世代以上の高齢化世帯に的を絞った新商品の開発や、富裕層対象の個人専用店舗の開設や店舗レイアウト変更を行うなど、新たなマーケットを発掘して営業展開するための努力は引き続き行われている。

以上のとおり、金融業界においても他業界と同様、厳しい経営環境に適応すべく様々な対策を断行してきた。

しかし残念なことに、それらの努力にもかかわらず、金融機関の業績は1980年代まで見られた安定した経営基盤を確保するまでには至っていない。1990年以降の金融界の歩みを振り返ってみると、むしろ金融業における三大基本機能と言われる「金融仲介機能」「信用創造機能」「決済機能」とは異次元の世界で、努力を払わざるを得ない状況に追い込まれていたと考えること

序　章　金融機関の使命とは

ができる。

(3) 再構築が求められる金融機関のビジネスモデル

　金融機関は、当面使い道のない資金を集めて、社会的に有意義と考えられる分野へ資金を仲介する事業を中核として発展してきた。地域経済社会発展への貢献を果たすことを本来の使命とする、極めて公共的色彩の濃い機関である。その活動を通して、地域経済の成長とともに金融機関自身も同時に成長していくのが、金融機関における基本的なビジネスモデルである。
　しかし、昨今の金融機関は、この本来の機能や使命を忘れ、業界内部での生き残りを賭けた収益競争ばかりに目を奪われてはいないだろうか。これからもこの状態が続くとすれば、金融業界に明るい未来は訪れないように思われる。
　金融機関は、社会に必要とされる資金需要を自らの力で掘り起こし、地域の発展や活性化に寄与できるよう、これからの時代にふさわしいビジネスモデルを再構築する時期に差しかかっていると考えるべきであろう。

2．金融機関の事業コンセプトの変化と求められる行職員像

　前述のとおり、金融業における三大機能とは、「金融仲介機能」「信用創造機能」「決済機能」の３点である。しかし、家計および企業部門における資金余剰の時代を迎え、金融機関に対するお客様の期待感は変化してきている。お客様が金融機関に期待しているものは、以下に示す３点と考えられる。

(1) 資金繰りへの的確な対応

　この機能は、従来の金融仲介機能に含まれていると考えてよい。お客様企業の事業継続や成長ならびに個人が一定水準の生活を維持していこうとした場合、資金余剰と資金需要との時間差を埋め合わせる金融仲介機能は、金融機関が果たすべき中核的な機能として、今後も存在し続けるはずである。

(2) 各種情報の収集と伝達

　実はこれも、従来から金融機関が事業をしていく際に、様々な形態で提供してきた機能である。

　近年、各種情報提供機能に対するお客様からの期待は、従来にも増して大きくなっている。その要因としては、次の2点が考えられる。

　その第1は、時代変化のスピードがますます加速化するなかで、インターネットなどを介した様々な情報が大量かつ迅速に飛び交う時代を迎えることとなった。情報の洪水の中に身を置く企業経営者にとって、必要な情報を客観的かつ的確に取捨選択したうえで、その情報に知恵を付加して提供してくれる第三者がいれば、誠にありがたいに違いない。金融機関はそのニーズを満たしてくれる恰好の存在なのである。

　第2に、企業経営者は本人が経営する業界には詳しいが、他業界・他業態の情報には疎い。同時に、社内に率直に話のできる相手のいない孤独な一面ももっている。その点、金融機関の行職員は、広範に及ぶ業種の企業や人々とのネットワークを持ち、多角的な視点で情報提供をしてくれる気軽な相談相手なのである。

(3) 経営支援・コンサルティング機能の発揮

　企業の資金需要が旺盛だった1980年代中頃までの時代、金融機関は、限られた資金をより効果的・効率的に運用するため、多くの融資対象企業の中から資金使途や返済原資を厳正に見極め、資金効率の優れた融資先を選別し、融資を実行した。この活動は日本経済全体の資金効率を高めることとなり、金融機関の資金仲介機能は、結果としてマクロ経済的にも、たいへん重要な役割を果たすことができていた。

　バブル崩壊後も、金融庁主導のもと、リレーションシップバンキングの推進が地域金融機関の永遠のテーマとして設定され、多くの金融機関で経営理念・方針に「地域経済・社会の発展のために貢献する」とうたってきた。しかし残念ながら、1990年以降、多くの金融機関では、増え続ける不良債権の処理と業界内部での収益獲得競争に明け暮れ、結果としてお客様企業や個人

が期待する経営支援・コンサルティング機能を十分に果たすことができないままに、事業を展開してきたと言わざるを得ない。その反動として、この機能の重要性が再び指摘されているのである。

　かつてのアメリカ鉄道業界が、自分たちの商売を鉄道業と既定してその枠内での事業改革に取り組んでしまったために、自動車運送業者や航空機運航業者に物流事業の主役の座を奪われてしまったという歴史上の苦い教訓は、マーケティング・マイオピア(注)の恰好の事例としてあまりにも有名である。

　　（注）マーケティング・マイオピア（近視眼）とは、企業が自社事業の可能性を狭く解釈することによって市場機会を逃すことをいう。

　金融機関も、このマーケティング・マイオピアの罠にはまってはならない。資金仲介を主体とした金融業という枠内でのみ、事業の存続と成長を目指していては、なかなか現状を脱することができないと思われる。

　これまでに見てきたお客様からの期待を真摯に受け止め、経営理念に掲げた"地域経済社会の発展に貢献する"という事業コンセプトを全面に押し出し、日本の経済社会の発展に寄与できる金融機関の21世紀型ビジネスモデルを、金融業界全体で一丸となり早急に構築すべき時に来ていると考えられる。

　日本経済の成長力が構造的に弱体化してしまった今こそ、金融機関自らが名実ともに大きく転換すべき時である。地域経済社会の発展を目指して地域社会を主導する活動を金融機関が積極的に展開すれば、必ずそこには新たな資金需要が生まれるはずである。『地域経済社会の発展支援業』としての活動を続けるなかに、金融機関の新たな成長モデルを構築すべきであろう。

　金融機関に勤務してこれからの時代を生き抜く管理者には、"金融業"の枠から飛び出し『地域経済社会の発展支援業』という新たな視野で、金融機関の経営を考え、自分自身のキャリア開発を行う、戦略的で行動力に満ちた行職員となることが求められている。

　管理者には、以上の点を十分自覚したうえで、担当部門の組織運営を行うと同時に、自分自身を含めた組織メンバー全員の育成を図っていくことが望まれる。

第1章
職場の組織構造と管理者の立場

　管理者には、自身の金融機関が目指す組織目標の達成に向けて、組織力を最大限に発揮できるよう部下を導き、担当部門の使命を果たす活動を展開することが期待されている。そのためには、組織構造を体系的に理解するとともに、自分自身の管理者としての立場を正しく理解することが欠かせない。
　この章では、職場組織の基本的な構造とそこで活動する管理者の立場を、現実の姿を振り返りながら確認していく。

1. 職場組織が成立するための要素と目的・目標の重要性

(1) 組織の3要素

組織論の大家であるチェスター・バーナードは、著書『経営者の役割』の中で組織の要素として、次の3つを挙げている。

① 協働意欲

もとより、人の存在や行為についての検討を抜きにして、組織を論ずることはできない。人が、個人的な欲望をむき出しにしたままで組織という団体の活動にかかわろうとしたら、うまく事は運ばない。個人が持つ意向を適度に自制し、組織活動に専念しようという協働意欲が存在して、はじめて組織活動は成立するのである。

したがって、組織構成員に協働意欲の存在することが、組織が成立するために必要な第1の要素となる。言い換えると、部下を持ち組織を統括し運営する管理者には、部下が組織活動に積極的に参加しようという協働意欲をもつような動機づけを上手に行うことが、大きな課題となる。

② 目 的

協働意欲は、組織の目的達成のために向けられるものである。したがって、目的の存在が、組織の第2番目の要素として挙げられる。この組織における目的の捉え方には、二面性がある。

第1の側面は、組織を構成する人々の個人的な利害を離れ、組織それ自体の維持・成長・発展に力点を置き、その目的を達成するために活動を行う機能体としての側面である。

一方、第2の側面は、同様の目的をもつ者同士が集まり、組織を作り、保有する共通の目的を達成するため、お互いに連携・協力して活動を行う共同体という側面である。

前者を重視する組織を「機能体組織」といい、後者を重視する組織を「共

同体組織」という。実存する組織を、どちらかの組織に明確に２分することはできない。図表１－１に示すように、すべての組織は２種類の組織のどちらかの性格を多く有するかの濃淡によって示される一直線上のどこかの位置に分布している。機能体的側面を色濃く有する典型的な組織が国防を任された軍隊である。一方、最も共同体的側面を有する典型的な組織がお互いの幸せを願い、日々連携し協力し合い暮らしている家族にあることは、おわかりいただけるであろう。

　かつて、社員は社長を"おやじ"と呼び、その一生を会社のために捧げる一方、社長は終身雇用を前提として社員の一生のすべてを面倒見ようとした家族共同体的経営が、日本企業における最大の強みであると言われていた時代があった。しかし、近年国際化が急速に伸展し厳しい経営環境下での企業間競争が展開されるようになり、金融機関はもとより多くの企業経営は、機能体組織としての面を色濃く持つようになってきている。

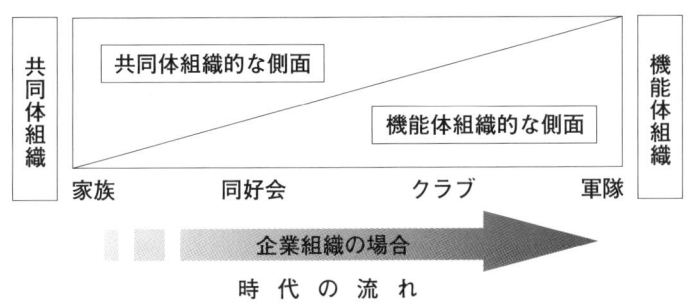

●図表１－１　機能体組織と共同体組織

　管理者は、組織がもつこの二面性を正しく理解して、担当部門の運営管理を行うことが重要である。すなわち、組織自体が目指す目的と、部下が心に抱いている個人的な目的（＝働き甲斐）とを、元々相容れない対立した概念で捉えるのではなく、組織活動の目的と個人の働く目的とがお互いに整合がとれるよう、意思決定をする際に留意するのである。組織の目指す目的の方向と部下の目指す目的の方向との"ベクトル合わせ"を常に念頭に置き、自分を

含めた全行職員が生きがいのもてる職場作りを心がけることが重要である。

　忙しくて余裕のない毎日の業務に追われていると、時として短期的な視点で目先の収益増大や業容拡大ばかりに目を奪われ、短絡的な意思決定を下してしまうことがある。金融機関に勤める大半の行職員は、広い視野で地域貢献ができる公共的色彩の濃い金融機関の事業と自分の人生を重ね合わせ、金融界に飛び込んできたはずである。管理者には、金融機関の本来の事業目的であると同時に、大半の行職員の就業動機でもあるこの意思に反しない管理活動をすることが求められている。

③　伝達（コミュニケーション）

　職場活動では、様々な情報伝達手段を用いて、目指すべき方向性を確かめ、共有し、連携することによって、単独では成し得ない大きな成果を上げることが可能となる。ここに、組織の組織たるゆえんがある。

　我々は日常、色々な伝達手段を用いて相互の意思疎通を図っている。それらの中で代表的なものが、会話と文書によるコミュニケーションである。また、インターネットの普及により、近年ではメールによる伝達の比重が急増していることはご承知のとおりである。

　一方、見落としがちなのが、ボディアクションなどの「ノンバーバル（＝非言語）」な伝達手段である。職場内での管理者の身振り動作は、部下をはじめとした多くの人々から、常に意識されている。職場の雰囲気に、一般行職員とは比較できない大きな影響を与える。陽気に振る舞えば職場全体が明るく活性化する一方で、体調を崩すなどして暗い態度を少しでも見せると、職場は陰気な雰囲気に包まれることとなる。

　「目は口ほどにものを言う」という諺がある。管理者は、日常の職場生活を通じて自身が無意識のうちに発している態度や振る舞いが、お客様や部下にどのような印象を与えているかを、常に意識して行動することが必要である。

(2) **目的意識・目標意識の重要性**

　組織の３要素の中で、①の協働意欲は、目的・目標を達成するために必要

な要素であり、③の伝達（＝コミュニケーション）も、目的・目標を効果的・効率的に達成するために必要な要素と考えることができる。したがって、組織を正しく理解するうえで最も重要な要素をあえて1つに絞るとすれば、それは"目的"あるいはその"目的"に基づいて作成される"目標"とすることができるであろう。

　職場活動を円滑に運営し、有意義な職場生活を送るうえで、自分の勤める金融機関の経営目的である経営（企業）理念や経営方針、ならびに経営目標としての経営計画・業務目標を正しく理解することは、非常に重要である。

　ところで、"目的"と"目標"という言葉を、私たちは普段から何気なく使っている。その違いはどこにあるのだろうか。

```
目的 ⇒ 定性的・抽象的なもの
目標 ⇒ 定量的・具体的なもの
```

　企業経営において"目的"にあたるものが、経営理念（企業理念や経営方針、社是などと呼ぶ場合もある）である。経営理念とは、「事業を遂行するにあたって守るべき根本的な考え方や決め事」をいい、多くの金融機関が、ホームページ上などでこの経営理念を公表している。

　企業活動の"目的"にあたる経営理念は、基本的には企業経営が続く限り長期にわたり変わることはなく、経営者ならびに管理者・一般行職員が、企業活動を行ううえでの行動規範であると同時に、様々な意思決定をする際に最後に拠り所とする企業の基本憲法ともいえるもので、その根底には時代を超えた普遍的な経営哲学がある。それだけに、その言わんとする内容・雰囲気は十分伝わるものの、抽象的な表現にならざるを得ない。この機会に、自分の勤める金融機関の経営理念を再確認しておこう。

　一方、企業経営における"目標"とは、経営理念を実現する際の拠り所となる具体的な到達点を、時間軸および数値で示したものである。金融機関はもとより多くの企業で、3～5年先を見据えた中期経営計画、年間業務計画、部門別あるいは担当者別業績目標等の名称で、"目標"は順次細分化さ

れ、具体的に明示される。その中身は、具体的な活動内容と数値化された到達目標・期限で表現される。自分の勤める金融機関における現行中期経営計画の期間と内容、および年間業務計画など経営計画の全容も、再確認しておこう。

２．職場活動の基本構造

(1) 職場組織と"戦略"、"戦術"

一般に、組織を示す図式には様々な描き方がある。ここでは説明の便宜上、図表１－２のようにピラミッド型で示し、その構造を検討することとする。

●図表１－２　組織の構造

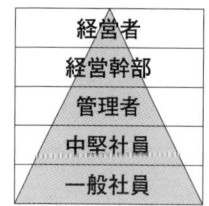 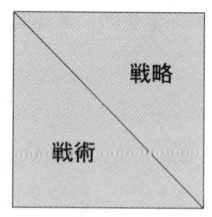 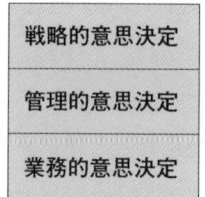

経営者層は、主として戦略部門をつかさどる一方、下位職になるほど戦術部門の比重が高まるといわれる。その中間に位置するのが、管理者層である。

それでは、"戦略"と"戦術"の違いは、どこにあるのだろうか。伊丹敬之氏は、『経営戦略の論理』（日本経済新聞社編）の中で、最も基礎的な戦略の定義は、「市場の中の組織としての活動の長期的な基本設計図」であるとしている。また同時に、もう１つ「企業や事業のあるべき姿と、そこに至るまでの変革のシナリオ」と定義し、次の図を示している（図表１－３）。

2．職場活動の基本構造

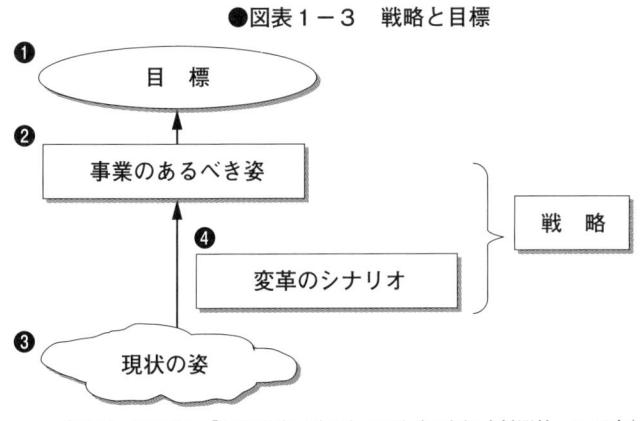

●図表１－３　戦略と目標

（出所）伊丹敬之『経営戦略の論理』12頁（日本経済新聞社、2003年）

　一般に"戦略"は、企業経営の長期にわたる経営方針や方向性を示したもので、建造物に例えるならば、建物の基礎や屋台骨・支柱などの基本構造にあたるものである。建物は基本構造に不具合があると建物全体が壊れてしまうため、長期間にわたる使用に耐えうるよう、慎重かつ十分な強度をもって構築される。企業における戦略も同様に、長期間変える性格のものではなく、企業経営の骨格をなす部分である。

　一方"戦術"は、直面する様々な経営課題に対処することを期待され、意思決定される。したがって、変化の激しい昨今の経営環境下では、それ以上のスピード感をもって変更や付け足しが行われることがある。"戦術"のキーワードが「多種多彩・多重多様・変幻自在・諦めない」にあるといわれるゆえんである。"戦術"を建造物に例えると、天井や床・壁などの板やクロスにあたる。改装や修繕の際にいかようにも変えることが可能であり、これらの変更が建物全体の形や大きさに変化を加えるものではない。

　この戦略と戦術の内容やその違いを理解する際に、わかりやすいヒントを与えてくれるのが、次に述べるアンゾフの意思決定理論である。

　アンゾフは、企業組織におけるマネジメント層を、トップ（経営者層）・ミドル（管理者層）・ロワー（監督職層）の３層に分け、それぞれのマネジメント層が行う意思決定の中身を次のように説明した。

15

① トップマネジメント（経営者層）の行う意思決定＝戦略的意思決定

企業が提供しようとする製品・サービスの分野と販売しようとする市場分野との選択にかかわる意思決定。これは企業経営の骨格をなす、顧客市場と製品・サービス内容に関する意思決定である。

② ミドルマネジメント（管理者層）の行う意思決定＝管理的意思決定

トップマネジメントの設定した戦略的意思決定を受けて、担当部門で最大の業績能力を生み出すために行われる、資源の調達・開発や組織の編成にかかわる意思決定。これは組織目標の達成を目指して、組織活動の全体像を構築する意思決定である。資源の調達や開発に関するものとしては、原材料の供給源の開発、人の訓練・開発、資金調達、諸施設・設備の調達などが該当し、組織の編成に関するものとしては、権限と責任・仕事の流れ・流通経路などが該当する。

③ ロワーマネジメント（監督職層）の行う意思決定＝業務的意思決定

与えられた目標や経営資源を駆使して、現在の業務収益性を最大にし、業務遂行の効率性を実現するための意思決定。これは、与えられた経営資源により生産性を最大化し与えられた目標を達成するための意思決定である。経営資源の配分（予算化）、業務の日程計画化、業務の監視・統制行動などが該当し、先の"戦術"部分にあたる。

以上のアンゾフの意思決定理論をもとに"戦略"と"戦術"を再定義すると、次のように考えることができる。

> "戦略"とは、企業経営の骨格を規定するお客様・市場（＝WHO）と、生み出す製品・サービス（WHAT）の選択に関する意思決定である。
> 一方"戦術"とは、上記戦略目標を実現するために経営資源を最も有効に活用し、事業運営の生産性を最大化するためのやり方（＝HOW）の選択に関する意思決定である。

> そして、戦略達成のための経営資源の調達や組織活動の構築に関する意思決定は、"戦略"と"戦術"の中間に位置することとなる。

(2) 管理者にも必要な"戦略"発想

　ところで、先にもご紹介した組織論の大家である、チェスター・バーナードは、組織を小規模な組織の複合体として捉えている。すなわち多数のピラミッド組織が幾重にも重なった形で、組織の全体は構成されているのである。金融機関における基本的な組織構造をもとにその点を考えてみよう。

　一金融機関全体の経営戦略は、頭取や理事長と呼ばれる代表役員を中心とした経営者層により、意思決定される。その経営者層を補佐する組織として経営企画部門などの本部スタッフ組織が存在する。また、執行役員を頂点とする営業店統括部門が存在し、決定された経営戦略に基づいて営業店の組織化や業務執行に係る指導や支援を行っている。営業店および営業店業務の集中部門は、戦術担当部門として、顧客との接点に立ち業務執行にあたっている。

　一方、支店組織は、支店長が頂点に君臨し、本部との間で合意した経営目標の達成を目指す。定められたテリトリー内でお客様の選定やお客様に提供する商品やサービスの選定といった支店レベルでの経営戦略を立て、副支店長・次長等と一体となり、目標達成に向けた最適な営業店組織作りを行う。また、営業・融資・預金・内勤など、各部門を任された支店長代理は、部門を構成する一般行職員や非正規雇用者などの動機づけを図りながら、最大の業務目標達成に向けた活動を展開する。

　したがって、全社規模で考えた場合には、経営者層が金融機関全体のお客様の選択（＝ＷＨＯ）と商品やサービスの選択（＝ＷＨＡＴ）に関わる"戦略"を担当する一方、管理者層は下位職になるにつれてやり方の選択（＝ＨＯＷ）に関わる"戦術"的な要素を多く含んだ仕事を担当するという、最初に述べた組織の基本的な構図が成り立つ。

　一方、営業店単位の組織を考えた場合には、支店長が支店規模における

"戦略"に関わる意思決定を担当し、副支店長以下の管理者は、下位職になるにつれて"戦術"的な要素を多く含んだ仕事を担当することになる。

また、営業店内の部門単位に考えた場合には、部門を担当する管理者は、任された部門内でそのお客様や提供するサービス内容を意思決定し明示するという、部門の戦略を決定する部門経営者としての役割を担っている。

よく考えてみると、1年目の行職員といえども、戦略的な意思決定を日常活動の中で行っていることに気づく。営業担当者となり、担当するテリトリーの中で新規取引先の獲得を目指してお客様を自ら選定しようとした場合、その行為は戦略的な意思決定に相当するのである。

我々を取り巻く経営環境は、日々激しい変化を繰り返している。従来のように経営者の判断や上司からの指示を待って、受け身の姿勢で仕事をしていると、せっかくの商機を逸するケースが多くなる。今や、現場を預かる行職員が、自らの力で任された範囲内で戦略的な意思決定を的確に行い、迅速にお客様からの期待に対応していけるかどうかが、金融機関同士での競争を制する重要な分水嶺となっているのである。

3．管理者の立場について

次に、営業店内部や社外に対する管理者の立場について、検討しよう。

(1) 職場内での管理者の立場

管理者は別名"中間管理職"と称されるように、部店長と一般担当者との間に位置する。初級管理者の場合を例にとれば、部店長や次長など上位管理者の指揮の下、担当部門に与えられた職務を遂行し期限までに目標を達成する責任を負う。その際、本部や支店の経営者層からの指示事項を正しく理解したうえで、指示を遵守しながら与えられた役割を果たす立場にあることは言うまでもない。

また、担当する部下が十分に能力を発揮できるよう、精神面・物理面の両面で、職場環境の改善を行う。そして部下を動機付けしながら部門目標の達

成に向けた職場活動の旗を振る、リーダーとなるべき立場にある。

　さらに、店内他部門の管理者との間では、原則として同列の立場にある。他部門と協力し合いながら店全体の方針に従い、目標達成に向けた活動を積極的に展開するとともに、担当部門が保有する他部門にとって必要な情報をタイムリーに発信する。時として、利害調整のために担当部門を代表して交渉にあたる立場に立つこともある。

(2) お客様に対する管理者の立場

　すべての行職員がそうであるように、管理者も、自金融機関を代表してお客様に対する言動を行うことが求められることは当然である。同時に管理者は、担当する部下がお客様に対して行う渉外活動に対しても、全面的な責任を負う立場にある。

　なお、担当部門のいかんにかかわらず、自金融機関の行職員がお客様に対してとったあらゆる行動に対して、当事者意識を持ち、責任を負うと考えるのが管理者の立場である。

　また、配送会社や機械やシステムなどの保守点検会社、警備会社などの出入業者に対しては金融機関側がお客様の立場にあるが、それらの社員も金融機関のお客様の一人と考えて、言動に留意し対応するのが妥当であろう。

4．管理者の現状について

　「忙しい」、「落ち着いて考える時間がほしい」、「精神的負担感が重く今にも押し潰されそうだ」という声が、現場を預かる多くの管理者から聞こえてくる。偽らざる思いであろう。管理者としての仕事だけでなく、プレーヤーとして多くの実務も同時に担当するのが、すべての管理者の実像である。一般的な管理者の職場における現状を整理すると、次のとおりとなる。

(1) 常に挑戦的な目標と向き合っている

　管理者は、毎年高い目標と向き合い、その達成のための努力を続けてい

19

る。年度初めには達成不可能と思われた高い目標であろうと、様々な努力とお客様をはじめとする多くの方々の支援に支えられ、完遂もしくは目標値に近い実績を残す。そして、過大と思われた目標を達成した年度でさえも、次年度には、前年度目標に上積みされたさらに高い目標の実現に向け、終わりなき戦いを長年にわたり繰り返し続けている。

　なぜ、このような取組みが続くのだろうか。

　企業の最終的な目的を突き詰めると、それは"存続と成長"にある。常に成長を目指し発展を持続させるには、企業はただ単に環境変化に適応していくだけでは、十分とはいえない。他社との競争に勝たないと潰れてしまうのである。時代を先取りして同業他社に先駆けて新たな時代・新たな事業領域の到来を予測し、それに対応した変革を成し遂げたときに、初めて厳しい企業間競争に打ち勝つことができるのである。そのため、常に高い経営課題を自らに設定し、その課題解決に向けた努力を絶えず行う取組みが続けられる。

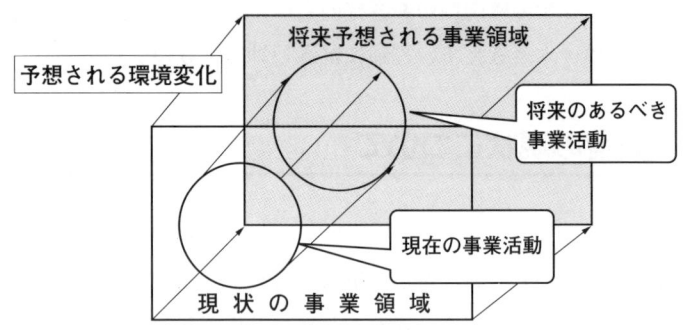

●図表1－4　環境に適応する企業の営み

　日産のカルロス・ゴーン氏は来日した当初、あらゆるメディアを使って、"shift the future"というキャッチコピーを発した。これは「日産は、時代を先取りした新たな自動車の開発を通じて、新たな事業領域での経営を目指す企業に生まれ変わりますよ」というメッセージを日本中に表明したもので

ある。

　管理者は、このような企業の営みを担当部門の仕事を通じて実践する立場にある。常に将来の事業発展を目指した高い目標への挑戦を続ける使命を背負っているのである。

(2) 同時並行的に多くの仕事を抱えその内容も頻繁に変わる

　金融業界では、経費削減の一環として1990年以降、人員削減が徹底して行われた一方で、規制緩和が進み、多種多様な商品やサービス分野が開発され、預かり資産関連事業などへの進出も果たした。人員の削減と業務内容の多様化が同時並行して大規模に起きたうえ、コンプライアンス上の管理業務もますます重視されるようになり、この20年間で管理者の仕事の種類と量は大幅に増加し、時代変化に合わせた迅速な処理を求められるようになった。

　一方、外に目を向ければ、インターネットを中心としたデジタル技術の進歩と普及、またかつて後進国といわれた国々の急速な追い上げとグローバル化の進展によって、将来を予測することが従来にも増して難しい時代となっている。企業経営者は、動きの激しい現場から一歩離れた場所で経営の指揮をとる立場にあり、将来を見据えた的確な指示を出すことが極めて厳しい環境下に置かれている。先が読めない時代背景のもと、企業経営者は、自らの進むべき方向を暗中模索している状態にある。

　したがって、現場第一線を預かる管理者には、自ら積極的にお客様に働きかけ、企業経営者や個人顧客のもつ潜在的なニーズを発見する手助けを行うことが求められているのである。また、自金融機関の経営方針を踏まえたうえで、担当部門の進むべき方向性や活動スケジュールを自ら考え計画し、上司に対して自分自身の思いや現場の実態を様々な形で情報発信する積極性が必要な時代となっている。

　お客様からの要望や上司からの指示に対して常に受け身の姿勢で構え、単にイエスマンであり続けるとすれば、一見楽に思える仕事でさえも、第三者からの様々な働きかけにペースをかき乱され、疲れる毎日を送ることとなってしまう。主体性のない取組みは、かえってメンタル不調を誘発する原因に

もなりかねない。

(3) 様々な働きかけが断続的に発生するため表層的な判断に頼った仕事をしてしまう

　営業店内で仕事をする管理者には、繁閑に関係なく部下が絶えず様々な報告や相談、質問をしてくる。すぐに処理すべき膨大な量の決裁書類等や伝票が、次々と回付される。営業時間を通して店頭にはお客様が頻繁に出入りし、店頭ロビーへの目配りも欠かすことはできない。さらにお客様や本部・僚店からの電話も絶えることがない。本部からは、大量の通達類や情報誌等が毎日のように送られてくる。

　一方、営業部門担当で外出することの多い管理者は、営業店内にいる朝晩の限られた時間の中で部下に指示を与え、各部下からは個別に報告を受け、そのうえで自分自身の渉外活動の準備や事後処理も行う。

　まさに管理者は、1日を通して、お客様や上司・部下と、分刻みのやり取りを繰り返している。しかも即座に意思表示することの必要な案件が大半を占め、一歩間違えると取り返しのつかない、誤った判断を下してしまう危険な状況下で、仕事をしているのが実態である。

　したがって、営業現場を任された管理者には、日中、1つのことに熟慮している時間的な余裕はない。与信判断上注意すべき取引先の動向や、職場改善のための対策、スキル向上の必要な部下への育成・指導法、部下それぞれの役割変更、来年度業務計画についての企画案等を、日中の営業時間中に深く考えることは不可能である。重要と思われる案件に対しては常日頃から問題意識をもち、優先順位をつけて手帳などにメモしておき、解決手順などの対策や落としどころを自分なりに頭の整理しておくことが求められる。自分自身および担当部門の重要案件を常に心に留め、通常の営業時間以外に対策を検討する時間を設けることが、管理者には必要である。

4．管理者の現状について

(4) 多くの情報収集手段と人的ネットワークで情報の洪水の中に身を置いている

　管理者という肩書が付くと、お客様や職場の仲間から、管理者ならではの様々な情報が寄せられる。一担当者の時代には得ることができなかった様々な情報に接する機会が増えるのである。職場の上位職になるほど責任・権限が増すとともに人間関係のネットワークにも、幅と奥行きが増してくる。そのため、寄せられる情報は、担当者の頃とは比較にならない量と質になるのである。

　ご承知のとおり、情報は玉石混合の状態で手元に届く。取引先の信用不安を想起させ、即座に支店長に報告し対策を打つべき緊急性の高い重要情報がある一方で、出し手の意図も不明確な有益ではない情報も数多く届く。

　管理者は、担当部門において情報中枢神経の役割を果たす存在である。数多くある情報を取捨選択し、タイミングよく部下に伝達する技術が必要である。詳細な対策は、次章以降で検討することにしよう。

(5) 部下に比べ支店長等の上司との接触は想像以上に少ないのが一般的である

　営業店や担当部門の置かれた環境、および管理者本人の経験に応じて、管理者の１日のスケジュールには様々なパターンがある。会話を交わす相手との時間や話す内容にも様々な違いが生じている。

　一般に人は、易きに流されやすいものである。管理者自身が、問題意識をもたずに受け身の姿勢で仕事に流されていると、いつの間にかコミュニケーションする相手は理想と程遠い状態になってしまう。

　高い視点からの情報を提供してくれるとともに、様々な経験に基づく的確な判断を促してくれる支店長との意思疎通時間が十分にとれていない管理者が意外に多い。また、身近に席を置く（気の合う）部下との会話に終始し、本来きめ細かなＯＪＴによる指導を行うべき若い部下との接触機会がほとんどとれていない状況にある管理者も、多く見かける。

　管理者には、自分自身の１日の行動パターンを見直し、上司や部下・お客

様との会話時間や会話内容を冷静に振り返り、個人的な好みではなく管理者としての立場を自覚し、最適な人との接触パターンを考え実践する思慮深さが求められる。

(6) 様々な権限が与えられているがその権限は十分に行使されていない

　上記(1)〜(5)で見てきたように、管理者の働く仕事現場は、困難に満ち溢れている。このような環境下で受け身の姿勢で日々の仕事を続けていると、やらされ感も手伝って疲れも倍増してしまう。冷静に物事を判断する気力さえ失せてしまうものである。管理者としての自分に与えられている職務上の責任と権限の重大さにさえ、気づかない場合が多いものである。

　部下への仕事や役割の明示を、的確に行っているだろうか。職場のレイアウトは、最適な状態となっているだろうか。これらについては、前任者からの引継ぎがされた後、自分自身でその実態を検証せずに放置されたままのケースが実に多い。

　このような状態から脱するためには、一旦仕事の現場から身を引いて、自分自身を客観的に見つめ直すことが必要である。管理者としての自分に周囲が寄せる期待とは何か、管理者が果たすべき役割とはどのようなことなのか、その実現のために自分は今の環境をどう変えていったらよいのかなど、自分自身の頭で考え整理してみることが重要である。職場環境は千差万別であり、そこで働く管理者本人や部下の経験や性格も様々である。人から与えられる解答に正解は存在しない。最終的には自分を信じ、決断を下していくしかない。ただし、多くの先人が幾多の研究から導き出した理論やあまたの経験から学んだ事例は、多くのヒントを与えてくれるはずである。

第2章
管理者に求められる役割

　周囲から期待されている職場における自分自身の役割や役割認識の重要性を十分理解していないと、豊かな才能を持ち人一倍の努力を重ねている人物と言えども、職場活動は空回りしてしまい、組織の一員としての正しい評価を得ることができない。
　この章では、管理者に求められる職場での役割を、事例を交えながら確認していく。

第2章 管理者に求められる役割

1．管理者に求められる役割の全体像

　仕事をする際には、「役割を自覚することが重要」と言われる。そもそも"役割"とは何であろうか。それは"仕事"と、どう違うのだろうか。
　ある小学校で起きた、こんな話を聞いたことがある。2年生のクラスを受け持つ先生が、「当番が回ってきたら、花壇の花に水をやってね」と、子供達に庭の花壇への水やりを指示したそうである。すると、ある雨降りの昼休み、当番の回ってきた子供が、傘を差しながら花壇で一生懸命に水をやっていたそうである。
　花壇の花に水をやるのは"仕事"。先生が水やり当番の子供に指示したことは、枯らすことなく元気に育つよう花の面倒を見る"役割"。
　我々もこの事例に似た間違いを日常的におかしている可能性がある。仕事の目的を意識せず、上司から言われた仕事を一心不乱にやっている。自分自身は精一杯頑張ったつもりでいる。しかし、やっている中身は、上司の意図した役割とは異なる。上司（＝組織）の期待には応えていないのである。
　仕事を始めるにあたって、「仕事を指示した人が期待している役割」が何であるかを考えずに、事務的・機械的に仕事をしていると、結果はとんでもないことになる。時間のロスや体力の無駄づかいをするだけでなく、せっかくの努力が仕事の成果として報われない。
　日常の職場生活であなたは、上司から期待されている"役割"を正しく意識して、様々な指示や依頼を受け仕事に取り組んでいるだろうか。部下には期待する役割を十分に説明して、明確な指示を出しているだろうか。残念ながら、多くの職場で曖昧な指示伝達が横行しているのが、現実の姿である。管理者は、担当する部門が、上司や職場を取り巻く様々な方々からどんな"役割"を期待されているかをしっかり確かめたうえで、部下へ的確な指示を出して仕事に取り組ませるとともに、その成果を確認する必要がある。
　ヘンリー・ミンツバーグは、マネジャーの仕事上の役割を、『マネジャーの仕事』（奥村哲史・須貝栄：共訳、白桃書房）の中で、①対人関係の役割、

②情報関係の役割、③意思決定の役割、に3分類できるとして、その詳細を解説している。

本章では、金融機関における管理者の役割を、次のとおり分類・整理したうえで、事例を交えながら検討していく。

---

(1) 対人関係の役割
　① 部門代表者という公式に認められた立場で行動する役割
　② 部門の仕事に有用な人的ネットワークを作る役割
　③ 担当部門のリーダーとしての役割(＊)
　④ 部下を育成する役割(＊)
　　＊上記のうち、③および④は、別途章を改めて詳細に検討する。
(2) 情報関係の役割
　① 日常業務の円滑な運営に必要な情報を収集し活用する役割
　② お客様との取引に関わる情報を収集し活用する役割
(3) 意思決定の役割
　① 業務目標・業務計画の意思決定を行う役割
　② 担当者の役割分担を定め明示する役割
　③ ミス・クレームを解決に導く役割
　④ 担当以外の部門や人に対して交渉する役割

---

2. 管理者に求められる役割の内容

(1) 対人関係の役割

　対人関係に関する役割は、管理者としての肩書き（＝役職名）ならびに地位にふさわしい対人関係を作り、それを有効に活用する役割である。

① 部門代表者という公式に認められた立場で行動する役割

　管理者は、部門を代表しその意思を象徴する存在として、多くの職務を担う。

　地域の行事や各種団体の集まりなどへの出席や、お客様との込み入った案

件への対応には、管理者の持つ肩書きそのものが大きな意味をもち、影響力を発揮する。自金融機関内で開催される管理者会議へ営業店を代表して出席できるのも、管理者としての地位を公式に認められているからできる活動である。その他、部下の結婚式に招かれ出席するのも、公式に管理者として認められたからこそ、発生する役割であろう。これら様々な行事への出席が役職に付随して発生する役割であることは、誰もがすぐに気づく。

しかし、部門代表者という公式に認められた立場だからこそ発生する、もっと身近で大切な役割に、役印による押印行為に象徴される活動があることを忘れてはならない。

＜事例２－１＞……………………………………………………………
検査官：「山川商事さんへの増加運転資金30百万円融資の件ですが、この先は、売上がこの１年に増加したようには思えないが…」
加藤代理：「いえ、先方の経理担当部長が、『新製品が好調でどうしても運転資金が不足してきたので融資を希望したい』と言っていたと、担当の横井が申しておりました」
検査官：「いやいや、この資料を見るとそうは思えないよ。最近の試算表では、短期貸付金が急増しているけれど、融資した資金が、別に使われている可能性はないかね。迂回融資ではないのか？」
加藤代理：「いえ、それはないと思いますが…。担当の横井がそのように…」
検査官：「いやいや加藤代理。この融資案件はあなたが承認している案件ですよ。担当者任せでは困るね。あなたに当事者意識のないのが、この融資案件における一番の大問題だね」
……………………………………………………………………………………

管理者になると、今まで使用していた事務印章とは異なる管理者印（役印）の使用が義務づけられる金融機関もある。役印を押印することにより、担当部門の活動に責任を負う立場にある管理者が、自らの責任で承認したという判断を下したことを後々まで記録として残すのである。担当する部下の仕事に全面的な責任を負う管理者が、自らその内容を精査し的確であるとい

う判断を下したことを証拠として記録に残す手段として役印は存在するのである。日頃、その意味するところを深く考えず機械的に役印を押す習慣を付けてはならない。管理者印を押印するその重さを深く認識する必要がある。

② 部門の仕事に有用な人的ネットワークを作る役割

　職歴や職位に付随して、管理者には金融機関内外との様々な人的ネットワークが形成される。

＜事例２－２＞‥‥‥‥‥‥‥‥‥‥‥‥‥‥‥‥‥‥‥‥‥‥‥‥‥‥‥‥‥‥‥

支店長：「浅野代理、ちょっと。忙しいときに悪いね。実は昨晩、隣町の藤井支店長と食事をした際に、テラーの店頭営業の件が出てね。最近、成績がずいぶん上がっているそうだよ。あの店の店頭担当の酒井代理は君と同期だったよね。一度話を聞いてみてはどうだろう」

浅野代理：「そうですか。酒井さん頑張っているのですね。さっそく聞いてみます」

電話で…：「酒井さん。ご無沙汰しています。ちょっと時間をもらっていいですか？　実は、うちの支店長から聞いたのだけれど…」

酒井代理：「やあ、もう話が伝わったのかい。ありがとう、おかげさまでね。実はテラーリーダーの花井さんが中心になって、いろんなことを企画してくれているんだよ。どうだい。電話で話してもなんだから、君の店のテラーリーダーと一緒に、一度見に来ないか」

浅野代理：「それは、ありがたい。さっそく計画するよ。それではお邪魔できそうな日を調整してから、改めて電話させてもらうよ」

‥‥‥‥‥‥‥‥‥‥‥‥‥‥‥‥‥‥‥‥‥‥‥‥‥‥‥‥‥‥‥‥‥‥‥‥‥‥‥

　人は、様々な人に支えられて生きている。そして周囲には、あなたを全面的に信頼している部下がいる。

　周囲の動向に目を向けることなく、自分の世界に閉じこもりマイペースで仕事をしていると、時代の変化やスピードから取り残されてしまう。管理者は、担当部門を統括する存在として、部門の誰よりも広い視野と高いアンテ

ナを掲げて情報を収集し、担当部門を的確に導く使命を負っている。多面的な情報を入手できる幅広い人間関係を持っている上司こそ、部下の目には頼もしい存在に映る。

　管理者は、信頼関係に裏打ちされた人的ネットワークを意識して広げる努力をすることが肝要である。自分自身はもとより、担当部門のために人的ネットワーク作りは欠かせないのである。

　以下の項目をチェックして、自分自身の課題を確認してみよう。

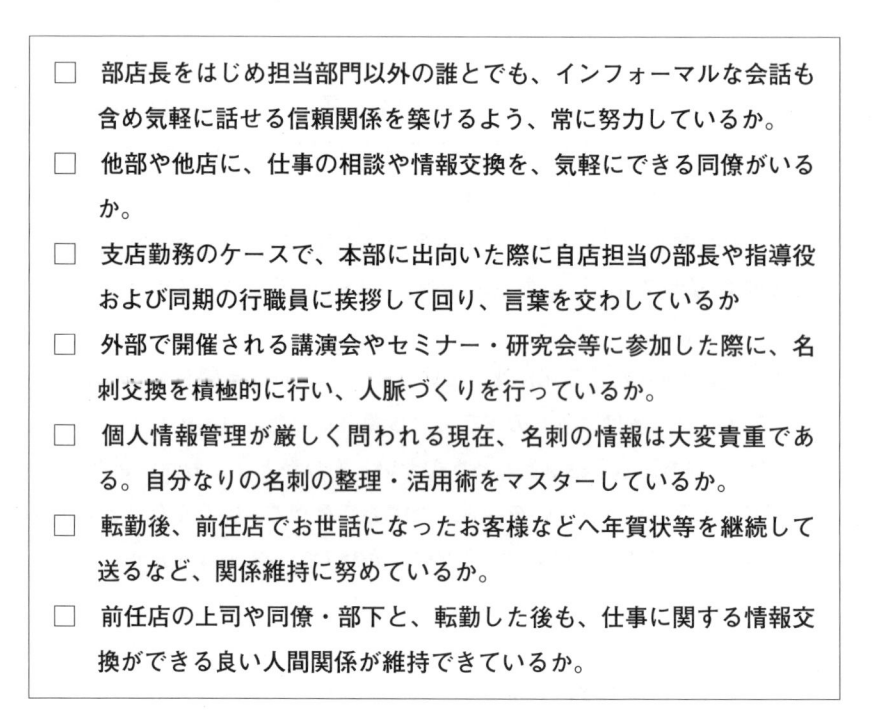

- ☐ 部店長をはじめ担当部門以外の誰とでも、インフォーマルな会話も含め気軽に話せる信頼関係を築けるよう、常に努力しているか。
- ☐ 他部や他店に、仕事の相談や情報交換を、気軽にできる同僚がいるか。
- ☐ 支店勤務のケースで、本部に出向いた際に自店担当の部長や指導役および同期の行職員に挨拶して回り、言葉を交わしているか
- ☐ 外部で開催される講演会やセミナー・研究会等に参加した際に、名刺交換を積極的に行い、人脈づくりを行っているか。
- ☐ 個人情報管理が厳しく問われる現在、名刺の情報は大変貴重である。自分なりの名刺の整理・活用術をマスターしているか。
- ☐ 転勤後、前任店でお世話になったお客様などへ年賀状等を継続して送るなど、関係維持に努めているか。
- ☐ 前任店の上司や同僚・部下と、転勤した後も、仕事に関する情報交換ができる良い人間関係が維持できているか。

---

③　担当部門のリーダーとしての役割

　管理者の肩書きを得ると、担当部門のリーダーであることを公式に認められた存在となる。部門リーダーであることが公的に約束されるのである。リーダーとは日本語に直訳すれば「指導者」である。読み下すと、「指さし導く者」となる。担当部門の目指す方向や目標を部下に明示して、その達成

に向け部下を動機づけ、導く存在がリーダーである。

<事例2-3>
副支店長:「斉藤代理、君の部下の宮下さんが、昨日私のところに来て言うには『忙しすぎて、もう仕事をやっていられない！』ってことだ。宮下さんの係は、そんなに忙しいのかな。毎日遅いと思ってはいたが…」
斉藤代理:「そうですね。最近為替の変動が激しいうえに、海外旅行のシーズンとも重なって、面倒な両替のお客様が急増して混雑しているようです」
副支店長:「それならそうと、なぜ早く言ってくれないんだ。他の係から応援を出すことも考えられるだろう。仕事ができる宮下さんに辞められでもしたら、一大事だよ」
斉藤代理:「……」

　事例の斉藤代理は、事務量が急増している宮下さんの状況を我が事として捉えて対処策を講じようという当事者意識がないように見受けられる。「仕事が忙しくなって困ったなあ」と思っているだけでは、管理者として失格である。そもそも担当部門を導いていこうという自覚が足りない。部下が仕事をしやすい環境を作ろうという意思や意欲がないのであれば、そのような上司を部下は信頼しない。宮下さんが斉藤代理の頭越しに副支店長に窮状を訴えたのも、致し方ない行為といえるであろう。

　リーダーに関しては章を改め、第4章で詳細にわたり論ずることとするが、管理者が真のリーダーとしての役割をいかんなく発揮するためには、「公式上認められた役職名＝権威」だけでは通用しない。それが現実の職場の姿であることを記憶に留めておくことが重要である。

　④　部下を育成する役割
　"企業は人なり"という格言は、誰でもご存じであろう。殊に金融機関は、人材がすべてと言っても過言ではないほどに、経営成績の多くを人材の質に

依存する業界である。金融機関にとって最も重要な経営資源は、間違いなく人材である。

 しかし、地域経済の発展に貢献しようという仕事に対する使命感を強く持ち、高度かつ多岐にわたる知識が要求される金融機関業務を円滑に遂行できる人材は、一朝一夕には育たない。手間暇がかかる。したがって、すべての金融機関で人材育成を最重要経営課題の１つに掲げ、全社的な活動を継続して進めている。中でも、常に身近にいて部下を理解できる立場にある管理者には、自金融機関の将来を担う人材を大きく育てる役割を果たすことが、期待されている。

＜事例２－４＞..
高木支店長：「佐藤調査役（人事部）、今度我が店に転勤してきた馬淵君は前任店で優秀な成績だったと聞いているが、本当かい？」
佐藤調査役：「高木支店長、そのとおりです。前任店では支店長をはじめ、担当の代理も手放すのを大変残念がっておりました。本人の成長のために私がお願いして移動させたのです」
高木支店長：「そうかなあ。優秀だというので、じっと見守っているんだが、パッとしないなあ。最近は、なんか暗くなって考え込んでいることが多いみたいで、心配だよ」
佐藤調査役：「支店長、我が行の将来を担う逸材ですから、大切に育てるよう、馬淵君の直接の上司にも念を押しておいてください」
....

 人は、それぞれに生まれ育った環境や職場での経歴が異なるために、様々な個性を有している。管理者が部下を育てるためには、一人ひとりの部下の状況を正しく理解することが、第一に必要である。また、指導すべき事柄も、社会人としての基本的な活動規範から高度な金融知識・対人関係能力・各種職務遂行能力を初めとして、広範囲にわたる。様々な分野にまたがるうえに、部下一人ひとりには得意不得意はもとより好き嫌いも様々あり、各部下の教育必要点は、千差万別だ。さらに、同一人物と言えども、その時々の

置かれた周囲の環境やその日の気分によって指導に対して返す反応は一定ではなく、個々の指導者の力量も合わせると、指導時には様々な工夫が必要となる。

本事例においても、若手有望株とされる馬淵君への指導方法には、指導する側の問題も含めると様々な検討課題が存在するはずである。

部下指導における管理者の役割についても、リーダーシップ同様、別途章を改め、第6章で詳しく検討してゆくこととする。

(2) 情報関係の役割

部門長である管理者は、担当部門の代表者として外部からの情報を受け取る情報受付窓口である。また、不足する情報は自ら取りに行く情報収集者の役割を担う。そして、蓄積された数々の情報を部門の仕事に役立てる情報活用者の役割も担っている。

すなわち、管理者は担当部門で情報中枢神経としての働きを果たすことを期待されている。

① 日常業務の円滑な運営に必要な情報を収集し活用する役割

情報収集の手段には、公式の各種会議やミーティングの他、先に挙げた人的ネットワークを介して寄せられるインフォーマルな口頭での会話など多数存在する。

公式の場から得られる情報は、正確性では勝るものの、二次加工された情報やすでに新鮮味の失われた過去情報が多い。一方、プライベートな場で語られるインフォーマルな会話情報の中には、正確性の観点からは疑問が残るものの生の一次情報が多く含まれ、公式情報以上に価値ある情報の場合も多い。

管理者のもとには、会話情報以外にも様々な情報が届けられる。通達・報告資料・回覧物・コンピュータシステムによるアウトプット資料などは、本部で作成され届けられる。その他、市販されている業界紙・雑誌・新聞紙面やテレビやラジオなどマスメディアからの情報、そして最近ではメールなど

の電子媒体を介した情報など、情報の種類と量には限りがない。

また、目視により得られるアナログな情報も忘れてはならない。この目視情報は、観察力次第で、有用かつ重要な役割を果たす。

管理者は、これら情報の中から自部門に影響を及ぼす可能性のある変化を誰よりもいち早く察知して対応する役割を担っている。

<事例2-5>

田中代理：「おーい、岩崎さん、勘定はまだ合わないの？ 今日は水曜日だよ。もう15時40分を過ぎたのに、どうなっているの？」

岩崎さん：「田中代理、それは無理ですよ。今日はベテランテラーの水野さんが風邪で休みですし、ローカウンターの梅田さんも体調が悪いと朝からたいへんそうだし、元気なのは私一人なんですよ。それに昼休み休憩の直前には預金相続のお客様で時間を取られたし、15時直前には近くの那須野物産さんから振込依頼書が大量に持ち込まれてしまったんですよ。なんで集中処理に変更してもらえないんですかね。渉外担当の岸田さんに話してくださいよ。それから今日は、営業担当からの遅がけの持ち込みも多くって、テラー全員の回金終了が15時25分を過ぎていたんですよ。田中代理、見てくれてなかったのですか！」

管理者は本来、前日のうちに翌日の事務量予測を立てて、繁忙時対策の手を打っておくべきであろう。しかし、当日に予想外の仕事で事務量が急増することや不測の事故が起きることもあり、繁閑予測が狂うことは頻繁に発生する。この事例でも、部下2名が体調不良で1名が休暇を取ったうえに、予想外の仕事が忙しい時間帯に舞い込んだ。管理者には、常に支店全体を見渡し、仕事の偏りや時間の遅れ・事務の停滞発生などへ気を配り、必要な対策を打つことが求められている。

管理者が行う日常業務の第1の管理ポイントは、部下の体調の確認である。チェックのポイントは、出勤挨拶時の部下一人ひとりの表情、声の張りやトーン、目線、顔色、服装や身なり、歩き方などである。朝晩の挨拶時は

もとより、日中も時折注意して、部下のしぐさや会話中の表情をじっくり観察する習慣を身に付けよう。体調不良が疑われる部下がいて本人に直接聞きにくい場合は、仲の良い第三者から声かけをしてもらうなど、間接的に状況把握する心配りも必要である。

第2の管理ポイントは、時間帯別の仕事の進捗状況把握である。管理者は、日中の時間帯ごとに、標準的な仕事の流れを理解しておきたい。そのうえで実際の動きを観察していれば、正常時とのギャップから、異常の有無を察知できるはずである。担当業務や仕事の性格、個々の管理者の置かれた立場・経験により、目の付け所は様々である。代表的なものとしては、以下の各チェック項目が考えられる。自部門にふさわしい項目を自ら定めて、定点観測を行う習慣を身に付けよう。

【始業前】
・部下の出勤時刻
・金庫内保管各種物件の搬出開始時刻
・朝の準備完了時刻
・営業担当者の営業日報提出時刻

【始業後】
・現送時刻
・営業担当者の訪問予定表提出および外出時刻
・テラーからの金券類回金時刻やその回数・量
・各担当者からの書類提出時刻
・昼食時間の交替状況
・一定時刻における店内来客数や回金伝票の量
・自分自身や部下の机上帳票類・資料類の積み具合

【閉店後】
・テラーの締め上げ時刻
・勘定一致時刻

・営業担当者の帰店時刻
・専用郵便物の発送準備完了時刻
・夕刻のミーティング開始・終了時刻
・部下の退社時刻

　事務の集中や停滞発生を察知した際に、管理者は迅速に応援者を手配するなど臨機応変に事務の繁閑に合わせた対策を打つ主担当者である。自部門だけで解決できない場合、他部門の管理者に応援を依頼するのも、もちろん管理者の役割である。そのためにも普段から、他部門の管理者との信頼関係を築き、繁忙時の協力体制について合意をしておく。

　同時に複数業務を兼務できる人材教育（＝多能化教育）を行い、店内全体で繁忙時補完体制を確立しておくことが望ましい。以上を「繁忙時波動体制」といって、係間・担当者間で繁閑に合わせて役割を流動的にして応援し合う取組みを組織的に推進している金融機関もある。

＜事例2－6＞……………………………………………………………………
三木君：「本田代理。住宅ローンの金利改定があったって本当ですか？　今日、お客様に説明してきたところなのに、先ほど先輩の川辺さんから金利改定の話を聞いて、びっくりしたんですが…」
本田代理：「あれ、三木君、知らなかったの。本部から来た通達を見ているだろう…。おーい、金利改定の通達、誰か持ってないか？」
若宮君：「あっ、本田代理、私のところに昨日の晩に回ってきています。至急回します。すみません」
………………………………………………………………………………………

　書面やネット経由等で毎日管理者の手元に届く通達類は数知れない。新年度の業務方針や業績評価に関する方針通達類、事務手続きや事務フローの変更・新商品の販売開始および関連手続き、新システムの稼働、月次業績速報、信用情報、関連会社や取引先の商品案内など、軽重織り交ぜた幾多の通

達・文章類が、管理者の手元に届く。管理者は仕事に支障を来すことがないよう、これらの情報を迅速に部下に展開し浸透させる役割を担っている。

大量の情報に優先順位を付ける際は、緊急度と重要度によって分類するのが基本である。

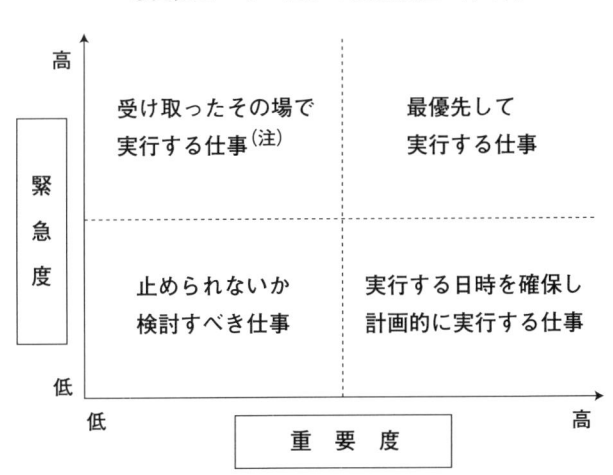

●図表2-1　仕事の優先順位の付け方

	重要度 低	重要度 高
緊急度 高	受け取ったその場で実行する仕事(注)	最優先して実行する仕事
緊急度 低	止められないか検討すべき仕事	実行する日時を確保し計画的に実行する仕事

（注）重要ではないが、やめることができない仕事は、受け取った時にその場で処理し、後に仕事の在庫として残さないことが重要である。

緊急度および重要度両面で重要なものが、最も優先順位が高い情報である。一方、緊急度も重要度も共に低いものほど優先順位は低い。なかには、管理者限りとしてよい情報も存在する。すべての通達類を一律に束ねて機械的に回覧していては、重要な情報が部下に浸透しない。部下に情報を伝達する際には、軽重に応じた工夫が必要である。

信用情報や金利改定など緊急度が高いと判断される情報は、一早く担当者を集め、口頭でその骨子を伝えた後で通達類を回覧するのが望ましい。また、時間を争うほどの緊急性はなくても、経営方針や業績評価関連の情報などの重要情報は、例えば赤色のクリアファイルに挟んで回覧するなど、一目でその重要性がわかるよう区分して回覧するルールを決めておくとよい。そ

のうえで月例会議などの席上その内容を詳細に説明し、部員と質疑応答を行うなどの工夫をしたい。その他に、本部への報告を必要とする通知なども、それとわかる色のファイルを定めて関係者に回覧するとよい。

　目先の忙しさにかまけて、多くの文書情報を一律に束ねて回覧するようなことがあってはならない。また、メール受信される通達類は、部下が当然見ていると判断し放置しておいてはならない。

② お客様との取引に関わる情報を収集し活用する役割

　地域やお客様についての情報は、お客様との会話や提出書類などを介して本人から直接知らされる以外にも、外部信用機関や取引先企業などからもたらされる間接情報、取引履歴から得られる情報など数々存在する。

＜事例２−７＞……………………………………………………………………
河内さん：「やあ、吉井君、お久しぶりです。河内です」
　　吉井代理が電話を取ると、いきなり元気な河内さんの声が、電話口から響いた。河内さんは、大学のクラブの先輩で、現在は吉井代理が勤務する曙支店の近隣で不動産業を経営している。転任した際、挨拶に伺い、以来時折貴重な情報をいただいている。
吉井代理：「曙支店、吉井です。河内さん、相変らず絶好調ですね」
河内さん：「ありがとう吉井君。今日はビッグニュースをお知らせするよ。ＪＲ曙駅周辺の再開発計画が、来月の市議会に上程されるそうだよ。いよいよ来年度から具体策がスタートすることになりそうだ。区画整理が始まり、駅前は一変するよ」
吉井代理：「え、それは本当ですか、河内さん。前々から計画があることは聞いていましたが…。具体的な話にならないと、お客様に今後のご予定を伺いづらくて、何も動けなかったんですよ。これからはいろいろな話が出そうですね」
河内さん：「私も忙しくなるよ。お互いわが町の発展に、少しでも貢献していきたいね。何かとよろしく頼むよ」

吉井代理：「こちらこそ、お世話になることも多いと思います。その節はよろしくお願いします」

....

　管理者は、種々の方面から寄せられる情報をつなぎ合わせて、営業活動や信用判定等に有効活用する役割を担っている。

　まずは、前述した人的ネットワーク作りをしっかり行うこと。次には、いつも好奇心を働かせて、接した情報の中から仕事に役立つものが発見できないかの気持ちをもって情報収集することが大切である。

　そして、情報を受け取るだけでなく、疑問に感じた事柄はその内容を深く掘り下げて、「なぜ？　なぜ？」を繰り返し、お客様本人や情報を提供してくれそうな人や機関に質問を返すことである。その繰り返しが仕事にチャンスを呼び込み、徐々に思考力・想像力が鍛えられる。

＜事例2－8＞..

新井君：「駅前のキッチン勝川さんが、今度バイパス沿いに新店舗を作る計画があるそうです。新たに優秀なシェフを雇って総額8千万円で、近代的で清潔感にあふれた大型イタリアンレストランを開業する計画です。設備資金5千万円のお申込みをいただきました」

丹羽代理：「あ、そうですか。それで、君はどう思う？」

新井君：「過去の融資残高は返済が順調に進んでいるし、担保余力も十分あるので、積極的に融資したいと思います」

丹羽代理：「新店舗の採算計画はお聞きしたか？」

新井君：「はい、企画書を見せていただきました。社長はしっかり者ですから、大丈夫だと思います」

丹羽代理：「新井君。飲食業は、Q（味）、C（清潔感）、S（接客）と並んで、固定費をいかに低く抑えられるかが、事業成功のカギだよ。聞いた範囲だが、それだけの設備投資だと減価償却費がかさむうえに、新たに雇用する従業員の人件費もたいへんだろう。君自身が社長になったつもりでしっかり計画の中身を確認して、その内容を説明してくれよ」

新井君：「そこまでは聞きづらくて…。いつもお世話になっていますので…」
丹羽代理：「いいかい、新井君。わからないことは納得いくまできちんと聞くことが営業活動の基本中の基本だよ。しっかりしてくれよ。融資の可否判断は、それからだな。慎重に対応するように」

お客様に質問することの苦手な行職員は想像以上に多い。特に決算書をお客様からお預かりした際、知ったふりをしたいのだろうか、売上高の減少要因や棚卸資産の増加要因など財務数値の中身に関係する事柄で、聞かなければ正確な実態がわからないものまで、聞かずに済ませている行職員が多い。

「聞くは一時の恥、知らぬは一生の恥」である。必要な情報は、自分が納得できるまで「なぜ？ なぜ？」を繰り返し聞いたり調べたりする習慣を、部下に身に付けさせる指導が必要である。もし、部下の説明に納得できない部分があれば、管理者自身が調査して部下に説明することにより、情報収集の重要性を部下に理解させよう。

(3) 意思決定の役割

第1章で職場組織の構造について述べたように、全社レベルで考えると、下位の管理者ほど戦術に関する意思決定を行う比重が増す。すなわち、上司の指示に基づいて、与えられた業務目標を期限までに達成するための様々な業務的意思決定を行う。一方で、管理者は担当する部門においては、戦略的な意思決定を行う。すなわち、担当部門がターゲットとするお客様が誰であるかを明らかにするとともに、そのお客様に提供する商品・サービスの選択に関わる意思決定を行う。

全社レベルの"戦術"と担当部門における"戦略"の両面を担う立場にある管理者が、職場で行うべき意思決定について考えてみよう。

① 業務目標・業務計画の意思決定を行う役割

毎期の業績目標は、本部からの指示に基づき最終決定され通知される。営業店は、本部からの指示を受けて、その目標達成に向けた努力をする戦闘部

2．管理者に求められる役割の内容

隊としての役割を担うのが常であるから、支店長はともかく管理者は、目標そのものについて検討したり異議を申し立てる余地はない。本当にそう考えていればよいのだろうか。

＜事例2－9＞..
谷川君：「磯田代理。今年度は厳しい目標でしたが、みんなで頑張った結果、何とか達成できそうですね。来季の目標はさらに高くなるのでしょうか？」

磯田代理：「そうだね。今年度の好成績は、君たちの努力のおかげだよ。本当にありがとう、感謝するよ。来年度はどうなるのかなあ。本部から何と言われるか…、サラリーマンはつらいな」

谷川君：「そりゃ、そうだけど。磯田代理は、どんな風に考えているんですか？」

磯田代理：「そうだな…」

谷川君：（磯田さんは、いつも何を考えて仕事をしているんだろう。本部の言いなりに仕事をやって給与をもらえば、それでよいと考えているのだろうか。代理自身に方針や目標がないんじゃあ、頼りにならないよ。必死に頑張っている部下の気持ちがわからないのかなあ…）
....

　全社の年間業務計画は、目標数値も含めて全社経営方針に基づいて最終決定される。そして各支店長へのヒアリング結果なども踏まえたうえで、全社の目標を各営業店の業績目標として配分する形で本部にて最終決定される。各営業店の具体的な業務計画は、営業店の立地環境や取引先・競合する他の金融機関の動向などを考慮に入れて、個別具体的に策定される。

　しかし、前述のとおり、営業店はお客様に最も身近な存在である。市場のニーズやお客様の変化を皮膚感覚で理解できる環境の下で仕事をしている。目まぐるしく変化するお客様の動向に合わせ、最適な業務計画を具体的に考えることができる環境に営業店は置かれているのである。

　営業現場の管理者は、ターゲットとする法人企業や個人のお客様、および

そのお客様に商品・サービスを通じてどんな付加価値を提供していくのが望ましいのかを最も身近に感じ取れる立場にいる。したがって自ら業務計画の内容を考えて、上司に諮問する役割を担っているのである。本来は、本部の意向を聞く以前に、部下からの意見を加味した自身の考え方を取りまとめた業務計画を作成し、支店長に進言するのが管理者のあるべき姿と考えられる。そこまでできる管理者であれば、それを見ている部下の目標達成に向かう気持ちは、おのずと高まるはずである。

② 担当者の役割分担を定め明示する役割

人は、周囲から職場になくてはならない人材として認められ、頼りにされていることが実感できると、喜びを覚え仕事への張りも生まれる。部下一人ひとりに固有の役割を的確に伝えることが、部門を束ねる管理者に期待される重要な役割である。

＜事例2－10＞ ....

東さん：「古田代理。私は先期、業績目標も達成できたし、いろいろな商品の販売でも、しっかりと成果を上げたはずです。どうして評価してもらえないんですか？」

古田代理：「東さん、あなたが頑張ってくれているのはよくわかっています。言われるように、業績目標は係の誰よりも高い成績を上げたことも支店長だってわかっているよ。でもね、あなたは若い吉田君や坂野さんの先輩ですよ。後輩の指導や面倒をもっと見てほしいんだ。その点で、君は評価を下げているんだよ」

東さん：「そうですか。それならそうと、もっと早く言ってくだされればよかったのに…」

古田代理：「君はベテランだろう。そのくらい感づかないと」

東さん：「そんな！！」

....

管理者が部下に寄せる期待と、部下が管理者から期待されていると考えて

いる自分自身の職場での役割との間に相違があると、この例にみられるような悲劇が起きる。職場での仕事上の連携が損なわれ、担当者のせっかくの努力が実を結ばないこととなる。さらに、上司と部下との間の信頼関係が壊されてしまう最悪の結果を招く。実際に、筆者が集合研修の場で受講生の考える職場での自分の役割とその上司が部下に期待する役割の付け合わせを行うと、そのギャップに驚かされるケースが頻繁に発生する。先の事例とは逆に、上司がそこまで自分に期待を寄せてくれていたのかと驚き、感動を口にする受講生が出ることすらある。

　企業には、一般に職務分掌と呼ばれる、部門単位の仕事内容を記載した規程が存在する。また、組織図により仕事の分担を明示している企業は多い。職務分掌や組織図は、部門（係）間の仕事の重複をなくし、責任・権限体制を明確にすることを目的として作成される。一旦作られると、組織改編のない限り変更されないのが一般的である。

　また、年1回作成する自己申告書などに仕事の目標を書かせ、面談の席上その内容を理解し合う試みも、多くの金融機関で行われている。

　ところが、"仕事"と比べて、部門および個人に与えられる"役割"は、曖昧なままのことが多い。職場を取り巻く環境に合わせて、役割はそれぞれに異なり、また刻一刻と変化する。本店所在地で古くからの歴史がある営業店と、地元を離れ新たに進出した地域に店を構える営業店とでは、同じ営業店と呼ばれる組織でも、期待される役割は異なる。個人の場合でも、ベテランと入社2年目の行職員とでは、同じ営業担当でも期待される役割は異なる。また、季節によっても役割は変化する。このように、役割は変化することが頻繁にあるためであろうか、文章化して示す習慣はあまり見られない。

　しかし、これらの事情を考慮に入れたとしても、部下を持つ管理者には、担当部門が支店長など上司から期待されている固有の役割を正しくしっかり受け止めることが求められる。そのうえで、部門に任された役割を果たすべく、部下一人ひとりに、状況に応じた役割を与えることが必要である。

　担当者の役割を初めて文章化する場合を想定して、以下にその手法の一例を示す。初めて作成する際には苦労する（筆者の場合、部下それぞれへの事

前ヒアリングを含め3ヵ月を要した）が、一度作成してしまうと、後のメンテナンスは大して時間はかからないものである。

●図表2-2　担当者別役割分担表の作成方法

○ステップ1…部門単位・グループ単位のトータル的な役割を、"担当部門のミッション（=使命）"として管理者が作成する（上司との合意に基づき設定する）。

※規定化された職務分掌類をそのまま使わない。自部門の置かれた環境・立場を意識して、自部門に固有の役割を考える。

○ステップ2…個人・担当者レベルの役割は、上記ステップ1の"担当部門のミッション"を前提にして、個別具体的に各担当者の仕事の中身を本人と話し合い、理解したうえで、本人納得のもとで作成し、明示する。

※この際、"仕事"と"役割"を混同しないこと。

仕　事	役　割
新規先開拓	渉外活動の範を後輩に示す。
テラー	明るいロビーの雰囲気を作る。

※"仕事"と"役割"を併記すると、違いがわかりやすい。
※事務職を例に取ると、一般的には1名5～8項目程度の役割がある。

○ステップ3…転勤や係替え、季節要因などで、担当者の変動は一般的に少なくとも年数回発生する。部下の異動時以外にも3ヵ月に1度程度は、状況確認のうえ見直し書き換えることが望ましい。

　以上が、担当者に役割を明示する基本的な手法である。口頭では、常日頃から様々な声かけを行い、役割を明示しているであろう。しかし、文章化し示すことにより担当者に自覚が生まれ、仕事をするうえでの動機づけにもなる。最初から完璧を求めるのではなく、順次完成品にしていけばよい。文章

化し、"見える化"することが大切である。その過程で発見することも多い。
　役割を明らかにして動機づけを図るためのさらなる工夫は、第4章で述べる。ここでは、自部門全体のミッション（＝使命）ならびに部下一人ひとりの役割を明確にすることが管理者の重要な役割であることをしっかり認識しよう。

③　ミス・クレームを解決に導く役割
　事務ミスが発生しないよう、誰もが細心の注意を払い、仕事に臨んでいる。お客様に誤解が生じないよう、また悪い思いをさせないよう気配りしながら、日々仕事をしている。それでも、事務ミスや、不適切な接客が原因でクレームが発生してしまう。人のすることである限り、これは避けて通ることができない現実の姿である。

＜事例2－11＞
河合代理：「小林君、ちょっと来てくれないか。先ほど支店長から話があったのだが…。君、お客様の領収書を他のお客様に渡してしまったって、そんなことあったのかい？」
小林君：「は、はい…。実は昨日、美鈴商店さんの領収書を半田物産さんに渡してしまいました」
河合代理：「そうか。それでどうしたんだ」
小林君：「半田物産さんからお電話をいただいたので、昼休みに取りに伺いました。美鈴商店さんには、こちらから電話して、今日発送しました」
河合代理：「小林君、それはたいへんなことだよ。機密情報の漏洩ではないか。至急支店長に詳細を報告して、私と一緒に美鈴商店さんに謝罪に伺おう。帰ったら報告書を作成しなさい。支店長が今日たまたま半田物産さんに伺ったら、先方の社長からそんな話が出て、返答に窮したそうだ。どうして昨日わかった時点で、いち早く私に報告してくれなかったんだ。このようなことは、他にないだろうね！」

問題発生時の対処の仕方により、組織力の優劣は鮮明となる。この事例に見られるような、ミスやクレームが発生した際に、管理者は何を考えどう行動することを、期待されているのだろうか。

部門の責任者として仕事を任されている以上、管理者は常にこの事例に見られるようなリスクを背負っていることを胸に刻み、ミスやクレームの防止策を徹底して推進することが第1の役目だ。そのうえで、ミスやクレームが発生した場合の対策を想定した部下への指導も、管理者の役割として大いに期待されている。

そこでミスやクレームが発生した場合の対応策として、現場を預かる管理者は、部下全員に対して、「事故やクレームの解決に向けた対応は、管理者である自分自身の担当職務である」と、わかりやすく宣言しておくことをお勧めする。この場合に「自分の責任である」と、抽象的かつ一歩引いた印象を与える表現は使わず、「自分の担当である」と宣言するところがポイントである。

事務ミスやクレームを長期にわたり放置してトラブルに発展させない最大の秘訣は、迅速かつ真摯な対応にある。事務ミスやクレームに対してお客様に迅速かつ適切に対応するためには、多くの経験を積み担当部門の仕事に責任をもつ現場管理者が、担当者としての当事者意識を持って（実際に問題を起こした担当者の話を聞きながら）、解決にあたることが欠かせない。

一方、実際に問題を起こした担当者は、社会人としての良識を持ち合わせていれば、叱られる前から自分の非は自覚しているはずである。問題を起こした担当者には、今後同じ間違いを起こさないための対策を自分自身の力で考えることに集中させ、考えた結果を報告させるとよい。管理者は、その報告内容を確認したうえで部下に実践させることが、結局は部下本人のためになる。そのうえで、ミス・クレームによる混乱が収束した後、管理者はそれらの発生以前と以後で担当者の仕事振りがどう変化したかをしっかりと観察しよう。改善状況が不十分な場合は何度でも指導し、些細なことでも改善された点は褒めるなど、事後フォローしていることを本人に示す姿勢が再発防止のための最善の策となる。

2．管理者に求められる役割の内容

④ 担当以外の部門や人に対して交渉する役割

　組織を構成する各々の部門が担う仕事や役割はそれぞれ異なる。専門性の異なる部門がその得意分野を活かし、独自能力を発揮すると同時に、役割の異なる部門間で連携し合う結果、組織全体に相乗効果が生まれ、個別の活動では達成不可能な大きな目標が達成できる。

＜事例２－12＞ ....

大塚営業担当代理：「期末月まで残すところ３ヵ月となりました。何とか目標達成に向けて、営業担当者にハッパをかけているところです。融資係にはご迷惑をかけることになると思いますが、持ち込みが多くなりますので、よろしく対応願います」

岸田融資担当代理：「わかりました。もちろん全面的に協力します。融資係には、しっかり対応するよう伝えておきます。ただ大塚代理、不備や異例事項のある案件を、そのまま担当者のところに持ち込まれますと、後で収拾がつかなくなり、かえってお客様にご迷惑をかけることにもなりかねません。不備や異例事項のあるもので時間的に余裕のない案件については、大塚代理経由で私に直接お回しくださるよう、担当者にお伝えください。そして異例処理の管理を一緒にやってくださるようお願いします」

支店長：「そうだね。異例案件は、解決までの工程を記録して、役席同士で管理し合ってください。よろしく頼みます」

....

　この事例で、大塚・岸田両代理が合意できたように、管理者には営業店全体の目指す共通の目標達成に向けて、他部門との協力関係を維持・強化する努力を惜しみなく続けることが期待されている。

　営業店組織全体を見渡したうえで、担当部門では解決できない事柄を他部門に相談し、仕事が円滑に進むように必要な支援を依頼するのは、管理者の役割である。また他部門からの依頼を受ける際は、どこまでができる範囲なのかをしっかり判断して、事例にあるような異例処理を含む案件については

引き受ける範囲を明示するなど、営業店全体の仕事の品質向上と効率化を図るとともに部下を守る立場にある管理者として、しっかり交渉することが求められる。

＜事例2-13＞
金山さん：「佐藤代理。おはようございます。今日は10日ですね。店頭は忙しくなりそうです。昼休みのテラー応援要員を内藤代理に依頼しておいてください」
佐藤代理：「そうだね。依頼しておくよ。ありがとう」
金山さん：「それから支店長は、今日は朝から本部で会議ですよね。代理さん、店頭をよく見ていてくださいね。お願いします」
佐藤代理：「ああ、そうだったね。注意しておくよ」
近藤君（新人）：（…やれやれ、佐藤代理は頼りにならないなあ。これからは佐藤代理じゃなくて、金山さんの言うことを聞こう）

　これは、役割認識が欠落している管理者の事例である。本章の冒頭でも述べたとおり、管理者は、大きく分類すると、①対人関係の役割、②情報関係の役割、③意思決定の役割、という3種類の役割を果たすことが期待されている。これらの役割を果たそうとする意思が管理者本人にない場合、どのようになるかをここで考えてほしい。

　佐藤代理がもしも本来の管理者であるならば、朝の段階で、当日の陣容・仕事量・部下の健康状態などを目で確かめ、必要と判断したならば他の部門に応援を依頼するなど、当日の段取りを行うであろう。内藤代理への応援要請の必要性を部下から指摘されるようでは情けない。役割認識を心得た管理者ならば、自部門のみならず他部門の体制も確認し、自部門から必要な部門への応援派遣を自ら声かけするであろう。佐藤代理の行動には人への気遣いが感じられず、対人関係の役割を担うという意識が普段から欠落している佐藤代理の人となりを、この事例は示唆している。

　また、支店長が朝から本部に出かけ、留守をしているという極めて重要な

情報を見落としている。支店長の不在をわかっていたとしても、その事実が担当部門の仕事にどう影響するのかを思慮深く考えることが、佐藤代理にはできていないようだ。情報関係の役割という点でも、管理者としては落第点を付けざるを得ない。

さらに、このような状況下で、朝の段階で何を準備し心がけるべきなのかを、佐藤代理は、部下の金山さんに指示されている。上司と部下の立場が全く逆転している。意思決定の役割という点でも、佐藤代理には大きな問題がある。

以上見てきたように、佐藤代理は管理者にとって必要な役割を、すべて部下からの指摘により気づき、部下の指示に従っているのである。この部門の実態は、金山さんがリーダー役を果たしていることが明白である。新人の近藤君が事例にあるような判断をしても致し方ないといえる。

大きな組織で構成されている職場生活を送るうえで、役割認識を自覚することはすべての始まりである。管理者として、本章で触れたそれぞれの役割を自分の職場活動に当てはめて、自分を取り巻く人々との関係や仕事への向き合い方について、どう考え、どう築き、どう行動したらよいのか再度見直し、明日からの仕事に役立ててほしい。

3．期待される女性管理者

(1) 女性管理者を取り巻く職場環境

人は社会人となった後も、私生活面で結婚・出産・育児・介護など、人生の大きな節目の時期を迎える。これまで日本社会では、女性が職場生活を犠牲にしてこれらの人生の転機を克服するケースが多かった。日本で女性の社会進出が先進諸外国に比べて遅れてきた要因には、産業界を初めとした各方面の本件に関する認識不足と、女性の継続的就業機会の確保ならびに能力発揮に向けた各種環境整備の取組み不足が、大きく影響している。

しかし、労働生産人口の急激な減少と国民の多様化する社会ニーズに、生活感にあふれ柔軟性ある女性の感性が、必要不可欠であることが再認識され

第2章 管理者に求められる役割

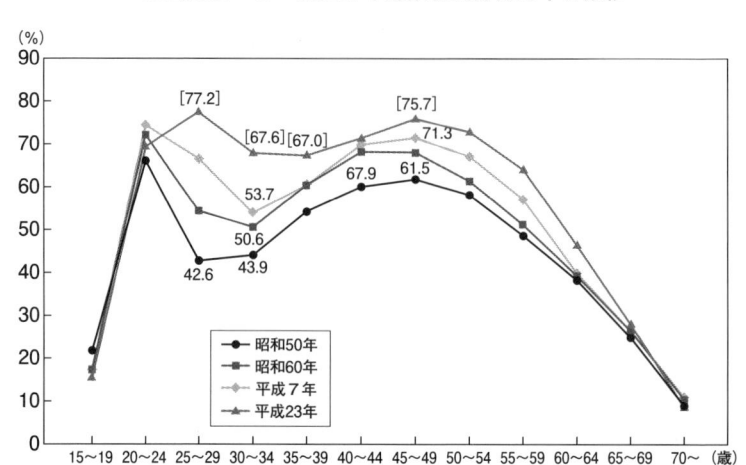

●図表2-3 女性の年齢階級別労働力率の推移

(備考) 1. 総務省「労働力調査（基本集計）」より作成。
2.「労働力率」は、15歳以上人口に占める労働力人口（就業者＋完全失業者）の割合。
3. 平成23年の[ ]内の割合は、岩手県、宮城県及び福島県を除く全国の結果。

るようになり、日本においても遅まきながら、女性の社会進出が対策を急ぐべき重要課題となってきている。

　政府は、日本社会が名実ともに男女協働参画社会となることを目標に、内閣府に男女協働参画局を設け、平成13年以来「男女協働参画白書」を作成し、その実態を国民各層に広く知らしめるとともに、ワークライフバランスに対する啓蒙活動などを精力的に進めている。図にあるとおり、M字カーブも解消の方向に向かっており、金融界では女性管理職の登用も、内部管理者を中心に急速に進みつつある。

　しかし、もともと男性中心社会であった多くの職場では、女性の働く環境は依然として満足できる状況にない。また、男女協働参画社会の実現に向けた男性の意識改革も十分に進んでいるとは言えず、多くの課題は山積したまま残されている。

　このような環境下で、女性管理者は能力をどのように発揮して社会に貢献していったらよいのだろうか。また同時に、自らの生活がより充実したものとなるために、どう行動していったらよいのだろうか。

(2) 女性ならではの強みを発揮して期待に応えよう

　元来、人の能力を見たときに、男女による基本的な差があるはずはない。むしろ、男女各々が日々生活している環境の違いから発生する活動領域によりその差は生じる。また、男女の感性や体力には、基本的に相違する面がある。そこに職場での働き方や能力の発揮形態に、男女の違いが現れると考えられる。

　社会人となった男性は、その生活のすべてを職場での成功を目指した活動に捧げることができる。従来の日本では、この男性像が社会的に好ましいとされてきた。事の良し悪しは別として、男性は私生活を後回しにして、職場生活を最優先に考える人生を、何の疑いもなく続ける環境に身を置いてきた。

　一方、社会人となった女性の場合は、結婚・出産・育児などを控え、職場生活と私生活とのバランスのなかで、新たな人生設計を自分自身が当事者として考えざるを得ない環境に置かれてきたのも事実である。

　このように男女の生活環境の差は大きい。しかし、そこで生まれた男女の生活感の違いが、実は女性に社会人としての新たな強さを与える結果となったと考えることができる。

　生活必需品が満ち溢れ多様化する現在の日本社会にあって、常に、職場と家庭を両立させようと、あらゆる角度から知恵を絞り生活を乗り切ってきた女性が、男性にない強みを活かして、社会に新たな価値を創造し活躍の場を広げているのである。

　ここで、女性ならではの強みを、いくつか述べてみる。

　第1に、生活者としての女性の視点は、商品やサービス開発の場に、男性には真似のできない発想を持ち込んだ。その結果、様々な分野でこれまでにない多くのヒット商品を誕生させ、新たな市場を生み出す大きな原動力となっている。女性特有の多面的かつ柔軟な感性は、モノや情報が溢れ食傷ぎみのお客様の心に新たな喜びを与え、多様化する国民生活を支える大きな切り札として、今後とも期待されている。

　第2に、多くの女性は、権威にとらわれることなく、自然体で本音の会話

を交わすことができる。その会話を通して、相手の本質を素早く見抜く男性にはない鋭い感性を持っているように思われる。フランクに誰とでも世間話をすることができる男性は多い。しかし、私生活面も含めて本音の会話を交わすとなると、話す相手の範囲が限られてしまう男性が以外と多い。職場生活一辺倒で、「何事も業績第一・効率第一」の思考回路しかない男性の場合、苦手な話題になると、途端に沈黙してしまう傾向がある。

　その点女性には、心の強さ・覚悟ができているように思われる。誰とでもさりげなく本音の会話をするなかで、人の心を鋭く読み解く感性を働かすことができる。生活環境に甘え、自ら積極的に苦労を買う体験をしてこなかった男性では、とても歯が立たない。

　女性の３番目の長所として、周囲の仕事や人の動きに対して、細やかな気遣い・心配りができる点を挙げることができる。職場に勤めて以来、長年にわたりどんな些細な事務仕事でも自ら率先して対応し実践するなかで、自然と細部にまで目の届く訓練を積んできたと考えられる。業務内容が複雑多岐にわたり、細部にまで漏れのない仕事が要求される現在の金融機関において、この才能はきわめて重要な能力である。

　さらに女性の４番目の長所として、限られた時間を無駄なく有効に活用する才能を挙げることができる。女性は、職場生活とプライベートな時間をともに守るため、毎日、退社時間を意識し仕事の段取りを考えた職場生活を送っている。そのために、細かな隙間時間を有効に使う術を身に付けてきていると思われる。

　以上のように、女性には現在の職場に必要とされる多くの長所が随所にある。まだまだ営業系を中心に、女性の管理者は少数派である。しかし、女性管理者はこれまでに述べたとおり、女性だからこそ身につけることができる特有のスキルを多く保有している。女性が職場で活躍しようとする場合、これまで男性がやってきたことと同じことを、同等またはそれ以上にやろうと頑張る必要はないと考える。それよりも、これまでに述べた女性だからこそ持っている特有のスキルを生かして、これまでの職場になかった新たな付加価値を生み出す大きな原動力となるように努めるとよい。

特に次の場面で、具体的にその能力を発揮し自らの働き甲斐・生きがいを見出すとともに、社会に貢献していくことが期待される。

① 営業職にある女性管理者は、人生を多面的に見る女性特有の感性や気遣い・心配り、そしてさりげなく本音に迫る会話力を、大いに活かしてほしい。また、女性だからといって気後れすることなく、持てる金融知識を十分に活用して、女性の持ち味を活かした営業活動を展開してもらいたい。女性の会話力は、企業経営者の懐に飛び込む際に、その力を大いに発揮するであろう。企業経営者にとっても、仕事然としている男性に比べて、人生の機微を理解している女性のほうが、話しやすい安心感を覚えるケースも多い。過剰なまでの自意識は禁物であるが、自信を持って営業活動に邁進してほしい。

② 部下を指導・育成する際には、傾聴力を活かして、気遣い・心配りを発揮した対話により、部下との信頼関係を構築していってもらいたい。指示・命令口調ではなく、部下の声に耳を傾け部下の心を読み取る姿勢でのぞむ支援型・コーチ型の管理者像が、近年の若手行職員には好まれる傾向にある。これは、女性管理者の得意とする部分のはずである。その特技を発揮すると、部下の動機づけにも奏功するであろう。

③ 管理面では、きめ細かな時間管理や気遣い・心配りに基づく漏れのないフォロー、さらに将来を見据えたリスク防止対策で、女性の長所を活かす場面は、随所にあると考えられる。この分野では支店長などの上司に自ら提言するなど、女性の観察眼を活かした活躍を大いに期待したい。常々から仕事の段取りや長期的な人生設計を考えてきたこれまでの経験を仕事面で活かしてほしい。きめ細かな時間管理や先を見越した職場の刷新や改善活動は、生産性の高い職場を作る原動力として、女性管理者が活躍する絶好の場である。また、将来予想される様々なリスク発生を事前に察知しその発生を防止する活動も、女性の視点で企画すると、男性では思いもつかない大きな成果を上げることが十分期待できる。

第3章
職場の目的・目標と達成に向けた取組み

　管理者は、担当部門に任された業績目標を達成する責任を負っている。その目標を達成するため、管理者には、部下が能力を最大限に発揮できるよう、組織を活性化させる取組みが期待されている。組織を活性化するための要件は、第1章で述べた組織の3要素をもとに、次のとおり導き出すことができる。

●組織の3要素		●組織活性化のための3要件
目的・目標の存在	⇒	目的・目標の共有化（第3章）
協働意識の存在	⇒	組織構成員に対する動機づけ（第4章）
コミュニケーションの存在	⇒	良好なコミュニケーションと連携（第5章）

　本書では、組織活性化のためのこれら3要件について、1項目ずつ章を分けて内容を深く掘り下げ検討していく。ここでは、目的・目標の共有化について検討する。

1．経営理念とは

　企業における経営目的・業務目標の体系は、図表3－1のとおり示すことができる。

●図表3－1　企業の目的・目標体系図

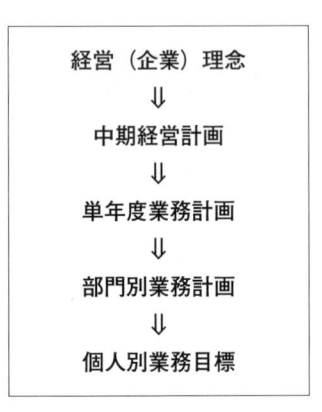

```
経営（企業）理念
     ⇩
  中期経営計画
     ⇩
 単年度業務計画
     ⇩
 部門別業務計画
     ⇩
 個人別業務目標
```

　経営理念とは、企業の究極の事業目的を指し、一般には創業社長が会社設立当初に事業目的として抱いた思いを、永遠に語り継がれることを願って作成されている。その内容は、業種や企業設立時の時代背景を映し、企業により千差万別である。

　しかし、多くの企業の経営理念を集約してみると、一般に「企業の目的トライアングル」といわれる図表3－2に示した3つの項目に、各企業ならではの事業内容を加味して作られていると考えることができる。

●図表3-2　企業の目的トライアングル

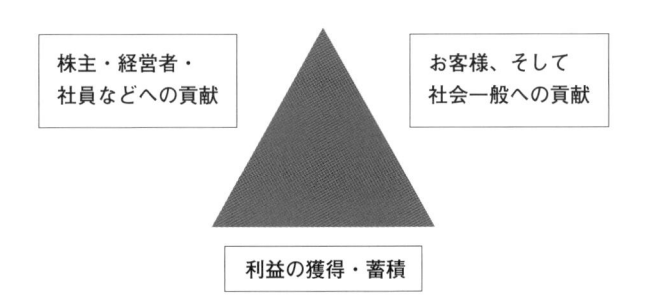

```
株主・経営者・              お客様、そして
社員などへの貢献            社会一般への貢献

              利益の獲得・蓄積
```

① 株主・経営者・社員などへの貢献
　これは、株主・経営者・社員・外注先・出入業者（協力会社）など、企業の経営を支える利害関係者（ステークホルダー）へ貢献することを目的として、企業は経営されているという考え方である。
② お客様そして社会一般への貢献
　企業の生み出す製品やサービスにより恩恵を受けるお客様や社会一般に対して、様々な便益を提供し社会に貢献する存在として企業は経営されているという考え方である。
③ 利益の獲得と蓄積
　自由市場経済社会では、企業が経営体として存続するために、利益の獲得と蓄積は欠かすことができない。したがって、企業の目的は利益を獲得し、再投資を繰り返し、繁栄することにあるという考え方である。

以上①～③の3つの目的がバランスよく保たれ、事業経営されるのが、理想と思われる。鎌倉時代から昭和初期にかけて活躍したといわれる近江商人の経営理念に、"売り手よし、買い手よし、世間よし"という「三方よし」の精神がある。近江商人は、この経営理念を常に心に秘め、天秤棒を担ぎながら全国で商いを続け、栄えたことで知られている。

残念なことに、近年になっても、目先の利益のみに固執した経営によって社会的に認めがたい商行為を繰り返し、結果的に社会からの信頼を失って経営破綻を招く企業が後を絶たない。経営理念は、事業の方向性を判断する際

や困難な経営課題に直面した際に原点に立ち返る重要な役割を担う、「企業の憲法」ともいうべき重要な存在である。

＜事例3－1＞・・

小川代理：「山内君、君からもらった運転資金の継続協議だが、先方の決算を見ると、現在これほどの運転資金の需要はないと思われるが、どうかね」

山内君：「そうかもしれません。しかしせっかくの融資枠ですから、期末月に借入の協力をしていただける大切な先として、とっておきたいのですが」

小川代理：「山内君。それは間違いだよ。不要な資金の貸出は、本来あってはならないことだよ。我々の業績目標達成のために、お客様に無用なお願い外交をすることは、"地域経済の発展に貢献する"という当金融機関の経営理念に違反する行為だよ。目先の利益にこだわっては、お客様との長年にわたる信頼関係に傷がつくことくらい、わかるだろう」

山内君：「そうは言っても、背に腹は代えられませんから…」

小川代理：「ともかく今回の更新協議は、金額を減額しなさい。本当にこれだけの運転資金が必要になったときには、増加運転資金として融資協議を提出しなさい。それより、資金を必要としている元気のよいお客様は、我々の周りにたくさんいらっしゃるはずだ。そのお客様を発掘する努力のなかにこそ、我々金融業の存在価値があるのだよ。我々の事業の地域貢献は、その活動からスタートするのだ。業績目標を、ただ単に数値を上げることと、勘違いしないように」

・・

経営者は、"年頭の辞"などを表明する際に、その折々の話題を交えながら、わかりやすい表現で経営理念にうたわれている精神を語る。また、多くの金融機関では、朝礼や各種会議の冒頭に経営理念を全行職員が暗唱し、その理解徹底を図る取組みを行っている。食堂や会議室内に経営理念を掲示し

たり、名刺大のカードに印刷した経営理念を行職員に携帯させたりする金融機関も、数多く存在する。これらの活動により、企業の憲法ともいえる経営理念の根底にある考え方や経営思想を、行職員全員の脳裏に浸透させようとしているのである。

　それにもかかわらず、目先の目標に追われ、事例にあるようなケースが時として発生しないとも限らない。数値で示される目標は、毎年のように前年度実績を上回り、その達成に向け極限に近いチャレンジをし続けているのが職場の現実である。それだけに数値のみに目を奪われていると、何のために自分が金融機関に就職し、毎日汗水を流す努力をしているのか、働く意義さえ見失ってしまう。それがもとで、仕事への意欲も次第に減退してくる例も多い。本来の事業目的を忘れ、数値だけに追われる生活を送っていれば、それも無理はない。

　現場を任された管理者は、お客様に対して経営理念や経営方針を逸脱するような部下の振る舞いを見つけた場合には、その都度何度でも自金融機関の社会的な使命を語り、部下自身の個人的な生きがいと自金融機関の経営理念の共通項に気づかせることが必要である。これを、"ベクトル合わせ"という。金融機関の社会的使命や仕事の重要性をわかりやすく説明することにより、部下の心に金融機関に勤める真の誇りが芽生え、仕事に向かう姿勢が確立できれば、仕事へ取り組む姿勢もおのずと前向きとなり、その後の成長は目に見えて早くなるはずである。

　ところで、大半の地域金融機関の経営理念には、"地域経済社会の発展に貢献する"というフレーズがうたわれている。もちろん金融事業を通じて地域経済社会に貢献するのが金融機関の基本的な使命であることは、昔も今も変わりない。当たり前といえばそのとおりである。しかし、日本社会全体に閉塞感の漂う昨今、金融機関に向けられる社会からの期待は、金融事業の枠をはるか超えたレベルにまで拡大している。地域経済社会の発展に大きく貢献するための多面的な角度からの事業展開を、社会は金融機関に対して望んでいるのである。その期待感が、今日の地域金融機関の経営理念に"地域経済社会の発展に貢献する"というフレーズを前面に押し出す結果となったと

考えることができる。それとともに、金融業の本業であるはずの金融の三大機能について、経営理念で直接触れている金融機関がほとんど見当たらないという現象を生んでいるのであろう。

地域金融機関の事業は、もはや"金融業"の域を脱して"地域経済社会の発展支援業"になっていると考えるべき時代になっているのである。自金融機関の経営理念を改めて読み直したとき、あなたはどう考えるだろうか。

2．業務計画策定上の課題

一般に業務計画は次の手順で策定される。

最初に本部で、全社（全行・全金庫・全組合等）ベースの次年度経営計画を策定する。その全社経営計画を踏まえた営業店別の次年度業務目標計画が、本部より支店長のもとに通知される。

支店長は、営業店の年間業務計画を念頭において、各部門の管理者に対し、それぞれ担当する部門の次年度業務計画（案）の作成を指示する。

各管理者から届いた次年度業務計画（案）をもとに、支店長と各管理者が協議を行い、営業店全体の業務目標と部門別の業務計画の整合がとれるように、部門単位の年間業務計画を決定する。

管理者は、作成された部門別年間業務計画をもとに、直属の部下に個人別の次年度業務目標を自己申告させる。申告された個人別の次年度業務目標をもとに、管理者と部下は面談を行い、数値目標の決定や達成までの方針等について話し合い、個人単位の年間業務目標が定まる。

営業店の規模により上記が簡略化されることもあるが、以上が基本的な業務計画の策定風景であろう。

さて、営業店および部門単位の次年度業務計画策定にあたっては、次の2点が大きな問題点として浮かび上がる。

(1) **過去の延長線上で業績目標の水準が設定される**

過去の実績をベースとして、その実績に対する伸び率を目標値とした積み

上げ方式で業務計画書が策定されるケースが極めて多い。過去に学び、現状を改善していこうとする発想を「デカルト思考」という。この発想により完成した計画では、一般的に手堅い目標値が設定されやすい。結局のところ、現状と同様の努力・視点で今後１年間の業容を決定してしまうことになるのである。これからの伸びしろが加味されず、現状の能力で考えられる範囲で達成可能な目標を設定することとなる。それでは、大きな飛躍は期待できない。伸び率の工夫次第ではあるものの、一般には"易きに流れる"傾向の目標設定となる。

　一方、将来のあるべき理想の姿をベースに考えたうえで、その到達目標から逆算して、今実現すべき目標を設定する発想が「ブレイクスルー思考」である。現状打破の発想ともいう。お客様や経営者が期待する自金融機関のあるべき水準や、組織力が理想どおりフル回転した場合に達成できると考えられる数値を目標化して、その達成に向けて挑戦的な計画を策定する思考法である。このケースでは過去のしがらみに拘泥することなく、現状をゼロベースで考えて取り組むこととなるため、大きな飛躍を期待した目標が設定される。

　現実の職場活動では、この２つの発想法をバランスよく活用して、着地点を模索していくこととなる。しかし３％のコスト削減は無理でも、30％のコスト削減を志向すると発想の転換が起き、斬新なアイデアが次々に生まれ、当初無理だと相手にもされなかった目標が結局達成できたといったケースが頻繁に発生するという。「自分自身の能力の限界を自ら作ってしまう」という愚だけは避けなければならない。易きに流れた業務計画書の策定とならぬよう、留意したい。

(2) 数値目標達成までの進め方が不明確なままである

　次年度業務計画書を策定するうえでの２番目に大きな問題点は、業績評価上の結果数値のみで構成されている業務計画書の多いことである。

　本部から営業店に通知される店別業務計画書は、全社的な経営方針以外は個別具体的な目標数値が羅列された形で記載されている。多様で数多い営業

店を対象に本部が作成する通達としては、これが限界であろう。

しかし、個々の営業店が自店のために作成し、以後１年間にわたって使用する業務計画書が目標数値を列記しただけの計画書では、魂の入っていない１枚の紙切れでしかない。いかにも心もとない。なぜ、その商品やサービスの営業を強化する必要があるのか、お客様との取引上どんなメリットがあるのかなどを踏まえ、どのように営業していくのか、業績目標を達成するまでの工程を明確にして記載することが重要だ。それを見た行職員全員が納得し、決定された業績目標の達成に向け一丸となって努力しようとやる気になれる内容が、業務計画書には記載されるべきである。達成までの対策やスケジュールについての議論が十分になされ、目標達成に向けた課題の解決策までが明記された業務計画書は、部下のやる気を引き出す大きな力となる。

ところが残念なことに、多くの業務計画書は、目標達成に至るまでのプロセスが欠落したものとなっている。なかには、本部から通知された目標数値を担当者人数をもとに按分しただけの担当者目標が明示されているものもある。これでは単なる割り算でしかなく、あえて管理者が介在して作成する必要はない。

目標達成までのプロセスを順序立てて考え、全店で共有することは、営業を組織力で展開するために欠かすことのできない大切な取組みである。

３．目標の共有化に向けた取組み

それでは、目標達成までの進め方を含めて、関係者全員が納得できる業務計画は、どのように策定していったらよいのだろうか。

＜事例３－２＞……………………………………………………………………
鈴木代理：「今年度の目標が決まったのでお知らせします。その中でも特に預かり資産勘定の収益目標が50百万円と、我が店クラスとしては、たいへん大きな数字が与えられた。営業担当は５人いるので、１人平均ちょうど10百万円の目標だ。これまでどおりの頑張りがあれば、

優秀な君達だ、きっと達成できる。なんとか早いうちに目標を達成してしまおう。よろしくお願いしたい」
佐野君：「ベテランも新人も同じ目標ですか。厳しいなあ」
迫水さん：「どうやったら、成約できるんですか？　不安だなあ」
望月さん：（もう富裕層は一回りしたし。職域営業しか思いつかないなあ…）
水元君：（職域営業は私の担当地域には当てはまらないよ。困ったなあ…）
杉山君：（例年のパターンだな…。とにかく頑張れだ。あ〜あ）

....

　事例にあるような、一方的な上位下達による業績目標決定方式は、近年ではまれになっていると思われる。しかし、"話し合い"という名のもと、十分な合意を図る機会を作らずに、実態は上司が権威で押し切る一方的な命令方式で業績目標を決定してしまうケースは依然として多い。管理者側がそのように考えていなくても、部下が目標設定時に"やらされ感"を抱くケースは非常に多いのである。

　原因は、部下の声をしっかり聴きとめて、管理者と部下双方が目標達成までのやり方について、納得できる合意形成の場を十分に作らないからである。これは、機会を作らない上司側の姿勢に問題があるだけではない。もちろん、自立した人材を育ててこなかった上司の責任は免れないものの、担当者の側にも要因がある。"あきらめ感"が先行し、とことん突き詰めて考えず、担当者が自分の意思を曖昧にしたまま、いつの間にか承諾した形にしてしまうケースもある。これは問題を先送りにしているだけである。結局のところ、上司・部下ともに真のプロ意識を持たず、成り行きで仕事の目標を決めてしまう日本の企業風土をこれまで良しとしてきたところに問題がある。

　個々の持つ力を結集し、能力を最大限度まで発揮できる組織とするには、取り組むべき目的・目標の内容を、全行職員が一体となって正しく理解するとともに、目標達成に至るまでの進め方を共に考え、共有していこうとする姿勢が欠かせない。

　多くの職場で、業務計画策定の前段階として、管理者が各担当者に意見を求めるなど、計画作りに参画させる取組みがされている。計画に参加させる

こと、すなわち参画することによって、業務目標達成に向けた当事者意識が強化される。また、全行職員が目標の難易度や達成手法などについて同一の認識をもち、対策を共有することができるため、業務計画策定上、参画は有効な手段である。

　作成段階から目標に対する認識を共有し、結果として組織が一体となって目標達成に向けて取り組むように、部下を参画させる具体的な手法を「目標達成までのストーリーの作成法」と「業務計画作成までのタイムスケジュール」の2点に分けて、以下に解説する。

(1) 目標達成までのストーリーの作成法

　年度業務計画における究極の目標は、何らかの営業店損益勘定で表示される。その達成に必要な融資や預金などの平残目標や様々な基盤項目が数値化されて財務上の営業店業績目標は構成されている。そのほかに、不良債権の発生額、事務品質や事務処理の効率化度合・事故等の発生状況・検査結果などが加味されて、営業店は総合的に評価される。これが本部より各営業店に示される一般的な業績評価体系である。

　このような本部から示される目標値は、努力した結果として得られる数字上の目標値にすぎない。管理者の使命は、その達成に至るまでのストーリーを作り、部下を導くことである。

　ストーリーを作るに際しては、結果数値目標を達成するための前段階として、次の3つの視点で、取り組むべき課題を整理するとよい。

① 部下に必要なスキルや職場環境の整備

　スキルの向上や職場環境の改善なくして、前年度を上回る目標達成を目指すことはできない。管理者が部下の成長を自助努力に任せ待っていたのでは、競争が激化し急速に変化する現在の時代要請に追いつくことができない。したがって、部下のスキル向上や職場の整備は、計画化して推し進めるべきものである。

　例えば、法人取引を活発にするためには、財務分析をはじめとした様々な

企業実態把握スキルや、お客様に提供する商品やサービスの知識・お客様に関する知識・業務処理手順など、マスターすべき事柄は多い。また、新規のシステムが次々と導入されている。それらを使いこなすスキルの習得も業績目標の達成には欠かせない。

　管理者は、部下の日頃の職場での活動を観察し、それぞれの部下のスキルを把握して、各担当者ごとに強化すべき課題を把握するとともに、部門全体で取り組むべき課題を重点強化項目として絞り込み、その強化計画を部門業務計画に盛り込むことが必要である。

　職場のレイアウトや各種機器類の活用状況についても、担当者の動線などを観察してゆくと、職場環境面でも改善すべき点に気がつくであろう。

②　事務手順の見直しと改善策の推進

　部下のスキルが向上し職場環境が改善されたとしても、それだけでは事務処理効率や仕事の生産性が改善される範囲は、限られるであろう。業績目標達成のためには、時間帯管理の問題や仕事の分担の問題など、仕事の手順に関わる項目の計画的かつ具体的な改善策の推進が必要なことは、常日頃から職場の動きを観察していれば、自ずと気づくはずである。

　部下とのヒアリングを交えて事務手順上の問題点を洗い出し、要因分析を行うことが必要である。そのうえで、事務手順に関する勉強会の開催や役割分担の見直しを計画し、生産性向上に向けた一歩を踏み出すべきである。同時に、今後事務量の増加が予想される業務については、体制整備に向けた対策を打つことも欠かせない。

③　顧客満足・顧客感動を向上させるための取組み

　「顧客満足度の向上」や「お客様第一」という掛け声は、頻繁に聞く。しかし、そのための実行性ある具体策は担当者任せ、という金融機関が意外に多い。

　管理者は、自部門のお客様がいったい誰であるかを正しく部下に伝えることから始めてほしい。お取引先はもとより、自店が構える地域の居住者や働

いていらっしゃる方々がお客様であることは、誰も異存ないはずである。しかし、お客様はこれだけではない。「後工程はお客様」という標語がトヨタにあると聞く。『自分が受け持った仕事の後工程を担当してくださる人を自分のお客様だと思い、そのお客様が受け取った時に喜んでくださるような仕事をしよう』というのが、「後工程はお客様」の精神である。職場内にも自分のお客様（＝社内顧客）がいることを部下に自覚させることから、顧客満足向上のための対策をスタートさせよう。

　また、「自部門の仕事を正しく評価してくださるのはお客様以外にない」こともしっかりと自覚させよう。自部門内部で評価したお客様満足度をそのまま信じてはならない。手前味噌では正しい評価とは言えないのである。客観的に評価してくださるお客様の評価がすべてである。その声を現在どのように収集し、お客様の評価結果をその後の仕事にどう活かしているのかを再確認しよう。

　　○営業担当者は、営業日報の中でお客様の声を的確に報告しているだろうか？
　　○テラーは、お客様から伺った様々な情報を正しく記録して迅速に報告しているだろうか？
　　○お客様の声や情報・クレームや感謝の手紙などの内容や件数は、その傾向がわかるように、統計化して活用しているだろうか？
　　○担当者間や部門間での仕事の受け渡しで、問題が起きていないだろうか？

　このような問題意識を持って職場の現状を見渡すと、改善すべき事項の多いことに気づくはずである。

　以上、3項目に分けて、部門業務計画作成にあたって現場管理者が検討すべき項目を述べた。担当者のスキルが上がれば、仕事の生産性も向上し、お客様の満足度向上の対策を新たに打つことも可能になり、それらの対策が連動した結果として、高いと思われた業績上の数値目標も達成への道が見えてくるのである。

これら各項目で打つべき対策を検討し、そのうえで目標達成までのストーリーをわかりやすく表したものが、現場が作成すべき業務計画書の全体像である。ここまで明記された業務計画であれば、部下の「頑張って挑戦したら達成できるかもしれない」、「達成に向けて努力しよう」という気持ちを引き出すことができるのである。

　管理者は、支店長から示される業績目標を達成するための前段階として、部門で取り組むべき重点課題を部下の声も聴きながら書き上げよう。そして、その中から優先して取り組むべき課題を絞り込み、その解決策を、相互の因果関係を考えながら部門業務計画書にしっかり記載しよう。

　このようにして、部門目標達成までの総合的な青写真を描くことが必要である。こうして作成した業務計画書を部下に見せたうえで、その趣旨を説明すると、管理者が持つ目標達成に対する強い本気度が部下に伝わり、そこに部下のやる気が芽生えてくるのである。

　例年と同じ手法で業務計画書を策定して、それで例年以上の成績を得ようと望んでも、そこには基本的な矛盾のあることを肝に銘ずるべきである。

(2) 部門業務計画書策定のタイムスケジュール例

　管理者である限り、新年度に向けて解決すべき課題や抱負については、常に自覚しているはずである。ただし、せっかくよくできた業務計画書と言えども、完成の時期を逸してしまうと意味をなさない。早目に着手し具体化までの期限を区切ったうえで、組織を動員して策定するのがよい。以下にモデルスケジュールを示す。

●図表３－３　「部門業務計画書」策定モデルスケジュール

○１月上旬：部下に個別面談し、今期業績目標の着地予想、および来期に向けた課題をヒアリングする。その結果と管理者自身が考える経営サイドの要請事項の仮説をまとめる。
○１月下旬：部門内会議の席上、上記ヒアリング結果（部員の考える来期に向け解決すべき課題）、および管理者自身が考える経営課題を説明し、部員相互の意見交換を行う。

第3章　職場の目的・目標と達成に向けた取組み

○2月上旬：上記議論を踏まえ、来期の部門業務計画（案）を作成し、支店長に途中経過を報告し、支店長の考え方を聴取する。
○2月下旬：来期の部門業務計画（案）を作成し、部員に説明する。同時に意見交換を行う。
○3月上旬：部門としての業務計画最終案を取りまとめ、支店長に報告する。同時に、担当者ごとに役割の変更と個別目標値の設定を行う。そして、来期に向けた準備をスタートさせる。
○3月下旬：本部からの目標通知をもとに、上記計画書の修正を行う。

　1月から来期の業務計画策定を始めるのは、一見早すぎると感じるかもしれない。今期の成績が明確になった時点で、その成果と反省を踏まえ、次期の業務計画を作成するほうがよいだろうと考えるならば、3月または4月以降に業務計画の作成を開始すると考えるのが正論であろう。
　しかし、3月または4月になってからでは遅きに失するのである。4月中旬に完成すると仮定しよう。それを担当者に説明し、しっかり浸透させるのには4月下旬までを要する。すぐ5月の連休が始まる。その後1ヵ月も経てば梅雨入りし、梅雨明けとともに、熱い夏休みシーズンがスタートする。気がつけば、もう8月下旬であり、その時になって業績向上に拍車をかけても

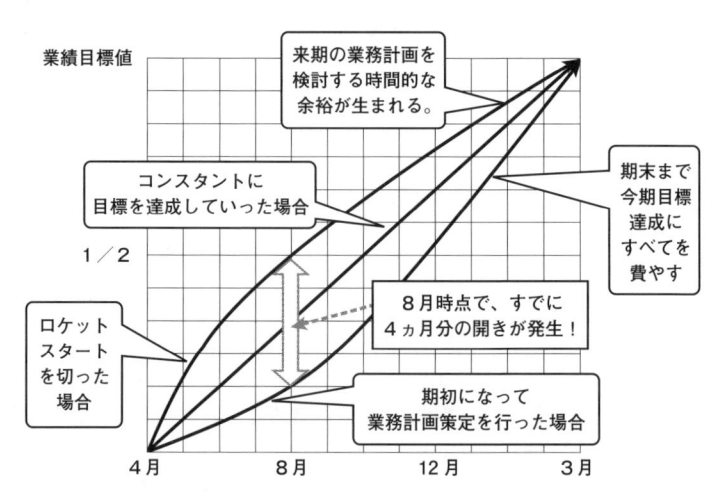

●図表3-4　期初の出足が好循環を生む

業績目標値

来期の業務計画を検討する時間的な余裕が生まれる。

コンスタントに目標を達成していった場合

期末まで今期目標達成にすべてを費やす

1/2

8月時点で、すでに4ヵ月分の開きが発生！

ロケットスタートを切った場合

期初になって業務計画策定を行った場合

4月　　　8月　　　12月　　　3月

後の祭りである。

　業績目標および達成までのストーリーを全担当者が理解・納得したうえで期初の４月１日を迎え、期初から全力で新年度の業務に専念できる体制を作ることが年間業績目標を達成に導くための試金石である。４月１日の始業と同時にロケットスタートを切るためには、早目の準備がどうしても必要なのである。

　前年度の活動を振り返り（＝フィードバック）、成果と反省を取りまとめ、そのうえで次年度の計画を立てる従来型の年間業務計画の策定方式が成り立つほど、現在の経営には時間的余裕はない。今期末の業績と課題を早いうちから予測（＝フィードフォワード）して結果の仮説を立て、その仮説に基づいて次年度の施策を想定した業務計画を仮に設定し、期が改まると同時に仮説に基づいて完成した業務計画により、一斉に業務をスタートできる体制を作っておく時代である。

　全社的な経営方針・業務計画の決定が遅いのであれば、現場が先行して可能な範囲で動き出せばよい。仮説でできたものを修正して、正式な業務計画書を作る時間的余裕は十分にある。

4．業績目標の進捗管理

(1) マネジメント・サイクルについて

　「管理とはマネジメント・サイクルを回すことである」と言われる。管理者は、一旦、業務目標が決定したならば、その達成を目指し、マネジメント・サイクルを回す活動（＝管理活動）を開始することとなる。

　マネジメント・サイクルを表す図には、実に様々なものがある。なかでもよく知られるのが、「Ｐ－Ｄ－Ｃ－Ａサイクル」と呼ばれるものである。このマネジメント・サイクルを理解するポイントは次の２点にある。

第3章　職場の目的・目標と達成に向けた取組み

●図表3－5　マネジメント・サイクル

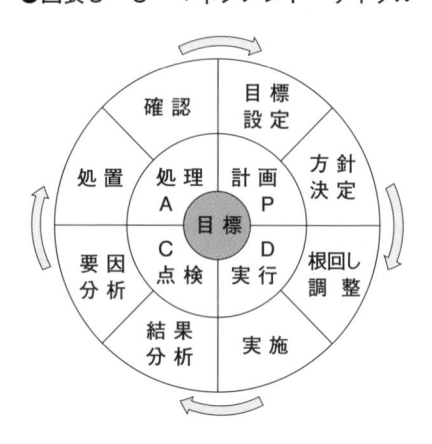

```
        確認    目標
              設定
    処置  処理  計画  方針
        A    P    決定
              目標
    要因  C    D    根回し
    分析  点検  実行  調整
        結果    実施
        分析
```

① サークルの真ん中には「目標」がある
　P：目標を計画し、達成のための方針・プロセスを企画する。
　D：計画された目標を達成するための準備をして、実行する。
　C：活動結果を観察・分析し、目標と結果との乖離の要因を分析する。
　A：目標達成までのプロセス改善に必要な処置を行い、確認する。

すべての段階で「目標」を中心に据えた活動がなされる。
「管理」という語句を使った四字熟語を思い浮かべてみよう。

| 業績管理 | 生産管理 | 財務管理 | 計数管理 |
| 労務管理 | 債権管理 | リスク管理 | 顧客管理… |

　これらの○○管理という熟語をもとに、「管理＝P－D－C－A」とした場合のそれぞれの管理活動を、具体的に考えてみよう。
　例えば、「部下管理」は以下のようになる。
　P：部下の職場でのあるべき人材像を職場活動目標として設定し、部下管理の具体的な進め方を意思決定する。
　D：部下が職場活動を円滑に進めるための環境整備や体制作りをしたうえ

で、部下に職場活動を具体的に指示し、実行させる。
C：部下の職場活動の実態を観察・分析し、当初目標とのギャップの有無や改善課題を明確にする。
A：改善すべき課題が改まるよう部下を指導し、その状況を評価し、必要な場合には次年度計画に引き継ぐ。

　以上ができて、初めて部下を管理していることになる。何気なく使っている言葉ではあるが、「管理」の持つ意味の重さに気づくであろう。

② マネジメント・サイクルは継続的改善が前提とされている
　ＩＳＯ（国際標準化機構）の領域では、継続的改善を繰り返すことにより、初めて一定の品質や環境が保たれるという思想が根底にある。そこで、マネジメント・サイクルをらせん状（スパイラルカーブという）に図示する（図表３－６）。認証後も毎年続けられる社内外の監査では、前年度指摘した課題の解決状況を確認するとともに、今後取り組むべき課題を新たに明示することにより、管理水準の継続的な向上を目指す。

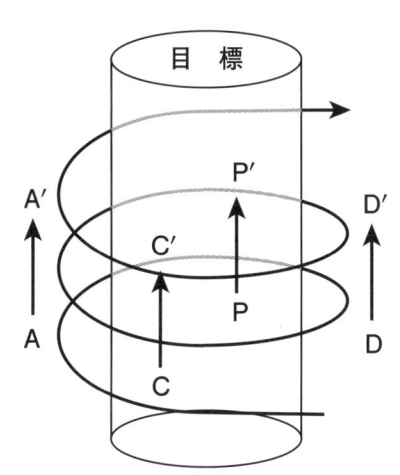

●図表３－６　スパイラルカーブ

我々は、結果が良ければこれからも同じやり方を繰り返せばよいと、短絡的に考えてしまいがちである。しかし実際は、たとえ今期の結果が良い場合でも、同じやり方で来年も成功する保証はどこにもない。P－D－C－Aのすべての段階において、前回のやり方のどこを変えたらさらに良くなるのかを常に考え、継続的改善を繰り返すことによって、初めて一定レベルの管理水準を保つことができる。

(2) 業績目標設定後の具体的な進捗管理の進め方

　部下一人ひとりの仕事に対する成熟度により、業績フォローの仕方は異なるはずである。しかしここでは、部門全体の業績管理をつかさどる管理者の視点から、部門全体に対する進捗管理のやり方のポイントを述べる。

　本部から提示される業績評価項目は多岐にわたる。そのうえ営業店では、人材育成や事務処理フローの改善、顧客満足活動の推進など、業績評価項目を達成するための前段階として取り組むべき独自の項目を新たな業務管理項目として追加する。したがって管理者の管理すべき項目は無数に存在する。これら管理項目のすべてを管理者が一人で抱え込むことは、至難の業であろう。

　そこで、個別の管理項目単位に推進担当者を定め、手分けしたうえで、担当部門の全員が一体となり、業績目標達成に向けた管理体制を築くやり方が効果的であろう。部下の参画意識を高めると同時に、組織力を活かすことができる意義ある有効な方法である。

　月次会議の席上、管理者は業績目標計数の達成状況を発表し、翌月の重点取組課題を明示する。スキルの習得状況や事務フローの見直し・顧客満足活動の成果などについては推進担当者を指名して、その部下に月次の活動報告と今後の進め方の発表をさせ、これからの対策を討議する。部下同士がお互いに創意工夫し合う風土を作ることが大切である。管理者は部下のこれらの活動を側面から支援しよう。組織の一体感を作り出すのである。

　日常の職場活動で管理者は、「業績目標の結果についての最終責任者は自

分自身である」という姿勢を貫く。そして重点取組課題の実行状況フォローは、個々の部下への個別具体的なアドバイスに徹するとよい。部下の仕事に対する熟練度や業績目標の難易度に合わせ、指示・支援の頻度ややり方を変えよう。初心者はともかく、ある程度経験を積んだ部下に対しては、管理者がすべて指示するのではなく、できる限り部下の裁量に任せ、部下の活動支援に徹するほうが、部下の隠れた才能を顕在化させることができる。それと同時に、部下のやる気を刺激し、結果として高い業績を上げるよい方法である。

第4章
職場のリーダーシップ

　組織活性化に向けて組織メンバーのやる気を高め協働意識を強化するためには、職場の進むべき方向をわかりやすく示すとともに、部下一人ひとりが個性を生かしながら持てる力を存分に発揮して組織活動が展開できるよう、職場の環境・条件を整え部下を導くリーダーシップ活動が管理者には求められる。
　この章では、職場におけるリーダーシップ活動について体系的に整理して確認するともに、数々の事例により管理者が果たすべきリーダーシップ活動を、個別具体的に学んでいく。

第4章　職場のリーダーシップ

1．管理者とリーダーシップ

(1) 管理者機能マトリクス

　管理者の職務内容をマトリクス状に描いたものに、「管理者機能マトリクス」がある。第2章で述べた管理者の役割が行動レベルの役割であるのに対して、管理者機能マトリクスは、管理者が職場で達成を期待されている成果レベルの役割と考えるとわかりやすい。

　図表4－1のマトリクスは、縦軸を「仕事」と「人間」の側面に、横軸を「維持」と「改革」の側面に分けて成り立っている。4つのマスに埋められた内容が、管理者が職場で果たすべき機能である。

●図表4－1　管理者機能マトリクス

	維　持	改　革
仕　事	日常業務の維持管理	業務改善・構造変革
人　間	良好な人間関係作り	部下育成・自己啓発

受動的な維持管理　→　主導的な改革管理

※「仕事の側面」とは、職場の業績を向上させ、目標を達成する活動
※「人間の側面」とは、職場の人間関係や人材育成を対象とした活動
※「維持の側面」とは、職場の仕事や人間関係を維持するための活動
※「改革の側面」とは、現状を改善・変革し、改革しようとする活動

　初めて管理者となって、日常業務が円滑に回り始め新たな職場生活に慣れてくると、それで立派な一人前の管理者となった錯覚に陥るものである。ところが、実際は、マトリクスの維持管理機能を果たせるようになった時点が、ようやく管理者としての仕事がスタートした時なのである。将来の環境変化に対する対策を先取りして自ら職場に変化を作り出す、管理者としての醍醐味を味わえる仕事がここでいよいよスタートするのである。マトリクス

の右側にある仕事と人間の両面における改革を推進する機能を発揮する時である。業務改善や職場の構造変革・部下育成および管理者としての自己啓発を自らが主導して推進する活動が、本物の管理者を育て上げることとなる。

(2) フィード・バックとフィード・フォワード

　過去の経験や実績を分析して（＝フィード・バック）、担当部門の維持と成長を考え活動するスタイルだけでは、現在のスピード感あふれる経営環境の中では生きていけない。

　ゼロベースで将来における理想の職場像を思い描き（＝フィード・フォワード）、仕事の側面でも人間の側面でも、将来の環境変化を先取りして、変化に耐えうる組織の構築に向け職場を改革し、部下を明るい未来に導く強いリーダーシップを発揮するよう、管理者には周囲から期待が寄せられているのである。将来が見通しにくい現在だからこそ、現状を維持するだけではなく、将来の成長を考え抜いて行動するリーダーとしての管理者像が強く求められている。

(3) マネジャーとリーダーの違い

　このように見ていくと、管理者には「マネジャーとしての側面」と「リーダーとしての側面」のあることがわかる。マネジャーとリーダーとでは、それぞれに仕事の進め方でどのような違いがあるのだろうか。

＜マネジャー＞
・現状で予測できる範囲の事柄を確実に達成するように活動する。
・管理活動の基本は、P（目標計画作り）、D（実行体制作りと実行・支援）、C（目標との乖離分析および課題抽出）、A（課題の解決と確認）を的確に行うことにある。
・どちらかというと前例踏襲型であり、過去から学ぶ管理スタイルである。

＜リーダー＞
・将来の環境変化に適応することを主眼にして、組織に対して変革を促す。

> ・職場の将来像を思い描き、その達成に向けた戦略を練ったうえで、部下に組織の理想像を熱意を込めて語り、部下を動機づけ目標達成に向けたエネルギーを結集し、その実現に向けた活動を推進する。
> ・どちらかというと、ゼロベースで新たな世界を作り出す管理スタイルである。

　もちろん、管理者にとってマネジャーの機能を果たすことは、忘れてはならない重要な職務である。しかし、激しく変化を繰り返す経営環境にさらされている現在の企業組織においては、現場の一線で活動する管理者が、マネジャーとしてだけではなく、リーダー機能を存分に発揮して活躍することが、企業生き残りの必須条件となっているのである。

2．課題設定・課題解決型のリーダー活動

(1) 「問題」とは

　マネジャーとリーダーとの間では、「問題意識の捉え方に違いがある」と考えることができる。
　ここでは、"問題意識"とは何を指すのかを考えてみよう。
　あなたは、部下に「問題意識を持って仕事をしなさい」という言葉を投げかけたことがないだろうか。もしその時、部下から「問題意識を持つとはどういうことですか、もっと具体的に教えてください」と逆に質問されたら、あなたは何と答えるだろうか。
　"問題"とは、論理学的には、図表4-2のとおりに示すことができる。
　すなわち、「あるべき姿」と「現状」とのギャップが、"問題"なのである。
　管理者が部下に、「問題意識をもって仕事をしなさい」と言った場合、管理者の胸の内には、「当金融機関におけるあなたの年代の行職員のあるべき理想像を考えてみなさい。そして、あなたの日頃の職場での仕事ぶりを冷静に見直してみなさい。両者にギャップのあることに気づくでしょう。こ

2．課題設定・課題解決型のリーダー活動

●図表４−２ 「問題」とは

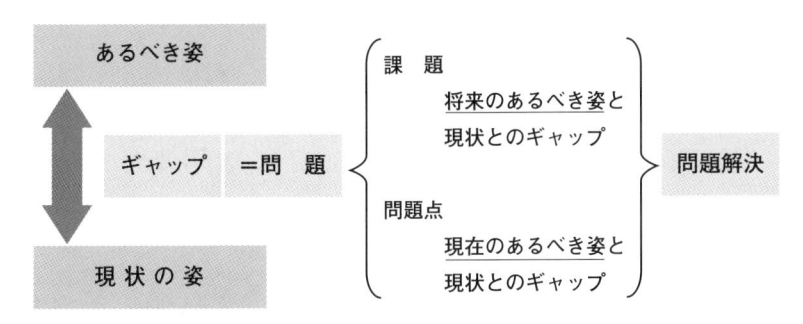

```
あるべき姿
   ↕       ギャップ＝問題  ｛ 課題
                            将来のあるべき姿と
                            現状とのギャップ
                          問題点
                            現在のあるべき姿と
                            現状とのギャップ ｝ 問題解決
現状の姿
```

の『ギャップ＝問題』をしっかり自覚して、あなた自身の仕事が一刻も早く理想像に近づくよう、努力しなさい」という思いがある。これが「問題意識をもって仕事をしなさい」と言ったとき、管理者が部下に伝えたい事柄である。

もう一度、図表４−２を確認しよう。"あるべき姿"は、「現時点におけるあるべき姿」と「将来のあるべき姿」の２種類に分けることができる。この"あるべき姿"の捉え方によって、"問題"は２種類に分けられる。

「現時点でのあるべき姿」と現状とのギャップを、「問題点」と呼ぶこととしよう。一方、"将来のあるべき姿"と現状とのギャップを、"課題"と呼ぶこととしよう。

「問題点」は、意識しなくても事故やミス・クレーム・不具合・不備など、自動的に顕在化し表面化する類の問題であり、すぐに対処が必要である。再発しないよう抜本的な解決策を講じることも必要である。

一方、「課題」とは、「将来のあるべき姿」を思い描くよう意識したとき、初めて発見することができる類の問題である。

(2) 課題設定・課題解決型リーダーになろう

職場には、ミスやトラブル・事故など、難しい問題点に直面したときに、その問題点を迅速に解決に導く人がいる。我々はこのような人を見ると、問題解決力に長けた人という評価を下す。確かに顕在化した問題点を、その後

の予防策も含め、手際よく解決に導くスキルは賞賛に値する。

しかし、管理者の場合、上記レベルの問題解決力があるだけでは、十分とは言えない。職場のあるべき将来像を思い描き、その理想の姿に到達するための課題を自ら設定する課題設定能力が、管理者には求められる。そのうえで、その課題を克服するために様々な施策を検討し、着々と対策を推進していく洞察力・判断力・企画力・実行力を兼ね備えた課題解決能力が、管理者には求められるのである。

プロ野球でもイチロー選手のような一流の選手になると、飛んでくるボールの方向やスピードを打者が打つ前に予測し、守備位置を変えて待ち構え、捕球が難しいはずの打球を、観客にはファインプレーと感じさせずに、いとも簡単に処理してしまう。誠に頼れる存在である。

我々の職場でも、このような仕事のできるリーダーが求められているのである。

3．リーダーシップとその源泉について

リーダーとしての管理者の活動を説明してきたが、ここではリーダーならびにリーダーシップを厳密に定義づけし、その活動の特色を考えていこう。

(1) リーダーシップとは

リーダーについて、第2章では「指さし導く者」と述べた。担当部門の目指す方向や目標を部下に明示して、その達成に向けて部下を動機づけ導く存在がリーダーである。

それでは、職場におけるリーダーが発揮するリーダーシップとは、どのような活動を指すのだろうか。青木武一氏は、「リーダーシップとは、部下が仕事をしやすい条件を作ることである」(『パワー理論で人を動かす』(ダイヤモンド社) と述べている。この定義をもとに、筆者なりにリーダーシップを再定義すると、次のとおりとなる。

> 「職場の将来におけるあるべき姿を描き目標として、その実現に向けて、職場の仲間が働きやすい職場環境や条件を整え物心ともに働き甲斐ある職場に改革する活動を展開する。その結果、職場の仲間が動機づけられ、そのエネルギーが結集され、職場目標を達成に導く活動。」

(2) リーダーシップの特性

一般に、リーダーが行う職場活動は「上司が部下を対象に発揮する活動である」と考えがちである。以下の事例を考えてみよう。

<事例4-1>

ある土曜日の朝のこと。

伊藤家では、昨日も遅くまで働き深夜に帰宅したお父さんに、幼稚園児の久美子ちゃんが声をかけた。

久美子ちゃん:「ねえねえ、パパ、起きてよ。今日、動物園に連れてってよー」

お母さん:「あらあら、久美子ちゃん。駄目でしょう。パパは昨日も夜遅くまでお仕事だったのよ。静かに休ませてあげて」

久美子ちゃん:「いやだよー。一緒に遊んでよー」

お父さん:「久美子、泣くなよ。わかった、わかった。パパ起きることにするよ。ママ、天気も良さそうだし、久美子の言うとおり動物園にでも行くか」

こうして伊藤一家は、動物園へ向け、にぎやかに出かけて行った。

どこにでもありそうな、休日の家族風景である。このケースでリーダーシップを発揮したのは誰だろうか。それは幼稚園児の久美子ちゃんである。子供が両親に対してリーダーシップを発揮したのである。

職場でも、同様である。必ずしも上司である管理者がリーダーシップを発揮するとは限らない。30代初めのやる気満々の若手が、部門を実質的にリードしていることだってある。人望があり、面倒見のよい女性行職員が部門全

員の結束力を高め、職場をリードしているケースもある。実質的なリーダーは、必ずしも上位職や年長者であるとは限らないのである。

さらに、「リーダーとなる人は、先天的にカリスマ性が備わっている。誰でもリーダーになれるわけではない」と、我々は考えがちである。確かに、カリスマ的なオーラを発し、周りを圧倒する雰囲気を醸し出している人はいるものである。名経営者と呼ばれる方々の中には、そのような資質を生まれながら持っていたと思わせる雰囲気を漂わせている人もいる。また最近では、そのようなカリスマ人材待望論があることも事実である。

しかし、職場や社会全般を見渡したとき、リーダーとして活躍している人々は、無数いる。これらの人々がすべて、生まれながらのカリスマ性をもっているとは到底思えない。むしろ大半は、努力を積み重ね現在の地位を得たリーダーである。リーダーシップ能力とは、生まれながらの資質ではなく、その多くが経験と努力でつかみ取るものであることがわかるだろう。

次に、職場でリーダーと言われている人は、今までも、そしてこれからもずっとリーダーでいられるかというと、必ずしもそうではない。ある営業店に異動すると同時に、リーダーとしての頭角を現す人が出てくる一方で、今までリーダーシップを存分に発揮していた人が、職場の異動と同時に鳴りをひそめてしまうケースもある。このような現象は、どうして発生するのだろうか。

組織活動では、お互いの人間関係において、他の誰よりも影響力のある発言や行動をとった人が、結局リーダーになる資格を得る。相対的な影響力の強さが、リーダーシップを発揮するうえで、決定的な要件となるのである。所属する職場内で、相対的に強い影響力（＝パワー）を示した人がリーダーとなり、リーダーシップを発揮することになるのである。

よって、リーダーシップには、以下の３点の特性があると考えられる。
① 年齢や職位が、すべてではない。
② 多くが経験と努力でつかみ取るものである。
③ 相対的に影響力（＝パワー）の強い人が発揮するものである。

それでは、リーダーシップに必要なパワーを鍛えるため、管理者はどのよ

うに努力したらよいのだろうか。

(3) リーダーシップを発揮するパワーの源泉とその鍛え方

　リーダーになろうと志す人は、その前提として、リーダーシップを発揮する対象が「職場の仲間＝生身の人間」であるという事実をしっかり自覚することが肝要である。

　組織を構成する人間は、誰もが長所も短所も持っている。その人間同士が相互に支え、助け合って初めて組織活動が成立している。様々な感情を持つ不完全が当たり前の人間同士が、お互いに悪い点を補い、良い点を引き出し、依存し合うからこそ、組織は大きな力を発揮できるのである。「自分自身も不完全な人間ではあるが、たとえ微力でも組織のお役に立とう」という謙虚な気持ちで、リーダーシップ能力を高める努力を重ね発揮していこう。相手を考えずに、単なる技術論でリーダーシップ能力を高める手順をマスターしてリーダーになろうとすると、職場の仲間を見くびることとなる。そのような了見では、真のリーダーにはなれない。

　以上を前提に、リーダーとしてのパワーを生む源泉について考えよう。

　青木武一氏は、先にご紹介した『パワー理論で人を動かす』の中で、「パワーを作り上げる要素」として、次の7点を挙げている。

```
① 職制上の地位
② 本人の固有の力
③ 専門性
④ 上役から信頼されている程度
⑤ 部下から信頼されている程度
⑥ 実績
⑦ 対人関係（カリスマを含む）
```

　ここでは、上記のうち④と⑤を⑦に含めた計5点をパワーを生む源泉として考え、以下に筆者なりの解釈で解説することとする。いずれも、職場の仲間がそれを認めたとき、初めてリーダーとしてのパワーが発揮されるもので

あり、きわめて客観的に検討されるべきものである。そして、この5つのパワーの源泉を強化することが、管理者のリーダーシップ能力を高めることになる。

① **専門性**

筆者が以前勤めた職場には、金融界でも屈指の繊維業界通と言われた上司が2名いた。この2名には、他の金融機関からも、繊維業界に関する問い合わせが頻繁にあったものである。一角の専門知識を持った人は、周囲から一目置かれる。専門性を活かし様々な助言を職場の仲間に与え、信頼を勝ち得ていくのである。いきおい自然とパワーが上がり、リーダーシップを発揮できることとなる。

専門性を高め、リーダーシップを発揮しようとする際に注意すべき点は、その専門性が職場のニーズに合致していることである。例えば、絵画の才能がある人は尊敬されるだろう。しかし、金融事業を展開するうえで絵画のスキルは仕事に直結せず、その才能により職場のリーダーとなることは残念ながら難しい。

職場の活動に寄与できる分野で専門性を強化することが重要である。コンピュータ分野が強ければシステム開発部門、法務の専門家であれば法務部門など、自身が得意とする分野でリーダーシップを発揮して活躍する自分の将来像を描き、その分野で必要な専門性を最大限に活かせるよう、今から努力を重ねよう。しかもその際には、単に自金融機関内での専門家としてではなく、全金融業界レベルの深い知識の習得に励むとよい。企業に差別化戦略があると同様、個人のレベルでも、差別化戦略が必要な時代である。

専門性の習得にあわてる必要はないものの、一般的に考えると30代後半までには、自分の将来を見据えた得意な専門分野が明確になっていることが望ましい。

② **実　績**

職場でパワーを身につける最も早い近道は、実績を上げることであろう。

3. リーダーシップとその源泉について

　実績を着実に残す人には誰もが一目置く。その人の良いところを真似ようとする。そして本人には自然にリーダーとしてのパワーが生まれる。したがって、リーダーになろうとする者は誰でも、職場の業績目標達成のための努力を惜しみなく続ける。

　ただし、ただ実績を上げようと意識するだけでは、思うようにならないのが現実の世界である。皆と同じ努力では、皆と同じにしかならない。職場リーダーにはなれないのである。

　幸い、多くの金融機関では、2〜3年ごとに転勤があるのが一般的である。この転勤の度に段階的に実績を積み上げ、周囲から認められるよう意識して、自身の成長・成功ストーリーを築く努力を重ねるとよい。

　新しい職場に配属された時点で、その職場での最初の1年間に自分はどのような業務で、どの程度の実績を上げるのか、自分にとって励みとなる具体的な計画を立てるのである。そして、努力して獲得した実績をもとに2年目以降次の転勤が来るまでの期間に、どのような活動をして、今の職場にどのような足跡を残していくのか、自分自身の成長を期したストーリーを描くのである。その実現を目標にして、日々努力を重ねるのである。毎年計画に対する成果と反省および翌年の自己目標を、面談の機会を捉えて上司に報告し、転勤が発令された際にはその結果として何らかの置き土産を元の職場に残し、一段高い目標への挑戦を期して新たな職場に赴任していくのである。

　営業担当代理を例に挙げれば、次のようになる。

　1ヵ店目では、担当部門の業績目標達成のため懸命に努力した。しかしそれだけに追われる日々を過ごしてしまった。2ヵ店目では、取引先経営者への折衝力を鍛え、将来の当店を支えると期待される大口新規融資先を複数件獲得できた。3ヵ店目では、部下の育成に励みOJTで成果を上げ、有望な若手行職員を育てることができた。

　自分自身の成長を確かな形で記録に残し、そして新たな階段を登るストーリー作りを自分自身が楽しむなかで、自然と実績が職場で評価され、信頼されるようになるのである。

　実績を上げるのに時間がかかる人もいれば、短期間に目覚ましい成果を上

85

げる人もいる。人それぞれに個性があり、また運が左右することでもある。しかし、どのような人であっても、自分の作った成長・成功ストーリーを歩んでいるという実感が持てれば、それはそれで達成感が湧き、自分への挑戦を持続させることができる。そして、おのずとリーダーへの道が開けてくるのである。戦略的に、自分自身の人生を切り拓いていこう。

③ 対人関係

リーダーシップ能力が職場の仲間への影響力に左右されるのであれば、職場の仲間から信頼感を獲得することが、必然的にリーダーシップ発揮のための重要な要件となる。職場の誰とでも、いつでも忌憚ないコミュニケーションができる関係を作っておくことは、職場活動を円滑に遂行しようとする管理者にとって、きわめて重要な要素である。

A. 上司との関係強化策

職場では誰でも、上司に対する見方が厳しい。上司が部下である自分の面倒を見るのは当たり前、自分より仕事をよく知っているのは当たり前、指示を出す際には5W3Hを明確にするのが当たり前など、上司が全知全能で完璧な人間であることを前提に、あれこれ注文を付ける。アフター5の会話では、ついつい上司への不満や愚痴が出てしまうものである。

しかし、あなたが管理者であるならご承知のとおり、常に上司は、その上の上司からの強いプレッシャーに耐えつつ、複数いる部下からの無言の圧力を感じながら、仕事に励んでいる。お客様も職位の高い上司に対しては、より大きな難題をぶつけてくる。上司の職務経歴を調べると、現在の職務では自分よりも経験の浅い人もいる。それでも何とか上位管理者としての職責を果たそうと、必死に日夜努力を続けている。これが上司の実像である。

一方、自分自身を振り返ると、とても完璧な仕事ぶりではない。そのうえ、上司の指示に従い仕事をしている。上司の支援なくして職務を遂行することは不可能である。上司からの許可がなければ、新たな仕事にチャレンジできない。お客様のなかには、支店長にしか新規事業開発計画などの

重要な経営方針を語ってくれない取引先もある。上司からの情報が入らなければ、このような取引先へ有効な提案営業を行うことは不可能である。支店長会議での情報が入らなければ、経営陣が何を考えているのかさっぱり理解できない。

組織活動は相互依存関係で成り立っているが、部下に対する上司の依存度よりも、上司に対する部下の依存度のほうが、はるかに高い。したがって、上司と部下との間で良好な信頼関係を築く努力は、部下から上司に対して積極的に働きかけを行うのが当然である。

自分が出世したいばかりに上司にゴマをする、といった次元の話ではない。部門を束ねる職場リーダーとして所属する部下からの期待を一身に背負い、部門の活動をより円滑に遂行していくため、管理者は常に上司の動きに気を配り、上位職の意向をしっかりと受け止め、自分でできる最大限の努力を払い上司を支援し、関係を強化することが必要なのである。上司が今、どのような情報を待ち望んでいるのか、どの業務計画を最優先課題と考えているのか、気にかけている案件は何なのかなど、上司への様々な気づかいをしよう。

上司からの信頼を高め、上司とのよい人間関係を作ることができたときに、結果として職場における自分のリーダーシップを存分に発揮することができる。上司の性格や自分との相性などをとやかく言っている場合ではない。

B．同僚との関係強化策

一方、同僚は職場内でのライバルでもあり、その人間関係は一筋縄でいかない部分もあろう。互いに意識し合い、一歩間違えると足の引っ張り合いをすることにもなりかねない

しかし、同僚として共に辛苦を分かち合う経験を重ねることとなる同世代とは、互いに刺激し研鑽し合うことのできる深い信頼関係に裏付けられた付き合いが、長い職場生活を通してできるはずである。同僚には積極的に働きかけ、学ぶ姿勢で接していこう。書物から得ることのできない何事にも代えがたい宝を、同僚からは得られるはずである。

また、何か新しいことをやろうとした際には、得てして最初に企画案を出したほうが主導権を握ることができる。他部門との協議事項が発生した際には、公式会議の開催以前に積極的に根回しをするように心がけよう。特に反対意見が出そうな部門には、積極的に事前の根回しを行い、最終結論の落とし所を見出そう。相手の出方を待つのではなく、自分から積極的に仕掛けよう。

C．部下との関係強化策

日本社会は物が飽和状態となり、各種メディアを通じ仮想世界で楽しむゲームや音楽までもが満ち溢れている。社会全体が裕福になるにつれ、「若者のハングリー精神がなくなってきた」と言われる。

しかし、このような若者像が語られる現象は、ここ十数年の間に始まったわけではない。いつの時代にも言われ続けてきた事柄である。自分達の世代よりも物が豊かで、親世代の時よりも家庭や学校などから多くのものを与えられることを当然のことのようにして育った若者を見ると、先輩はそう感じるのである。

また、自分の尺度で考えると、今の若者は自分達の世代に比べておとなしく積極性に欠けると感じることがある。しかし、そのすべての原因が若い世代の側にあるのではない。育った環境が若い世代をそのように育てたのである。環境が人を育てるのである。

したがって、部下を色眼鏡で見るのではなく、新たな価値観を学ぶ姿勢で、部下一人ひとりと接していくことが重要であろう。今の若者は、興味を抱いた事柄に対しては極めて旺盛な好奇心を見せ、管理者世代には天真爛漫とも思えるような柔軟性と積極性を発揮して、一点に集中して大を成す世代でもある。

部下との信頼関係を強化するには、部下が何を望んでいるのかに関心をもち、部下の様子を伺い、部下の悩みや問題を発見して解決することに全力で取り組むことがポイントとなろう。部下と職場生活を共にし、部下をよい方向に導いていこうという熱い思いが部下に伝われば、年齢差や男女の違いとは無関係に、よい信頼関係が築かれていくはずである。これは、

若い部下だけではなく、年上の部下に対しても当てはまる。

そのためには、部下の声に対する傾聴力に磨きをかけよう。そして部下育成・職場の環境改善など、様々な課題に自らがチャレンジしていくことが必要になる。本件については、後述の「狭義のリーダーシップ」や第6章の「部下育成」の中で、詳しく検討していく。

④ 職制上の地位

仮に支店長と次長から異なる指示を出された場合、誰でも支店長の指示に従うであろう。職場では、大きな権限をもつ上位職のほうが下位職に比べて一目置かれることは当然である。上位職の方が大きなパワーを有しているのである。

しかし、たとえ上位職としての肩書きがあったとしても、一旦、信用を失墜してしまい、上位職としての実質的な権限を失ってしまった場合には、職場リーダーとしてのパワーを発揮できなくなる。信頼感を失った管理者が権威だけを傘にして部下に指示を振りかざす行為は、部下にとっては迷惑千万なばかりである。やがて管理者としての権限そのものが形骸化してしまう。

また、管理者が権限を委譲する際、委譲された部下の代理行為を放置しておくと、やがて権限そのものが部下に移ってしまう。そして、管理者の部下へのパワーが急激にダウンしてしまう。

管理者は、常にその地位にふさわしい言動により部下からの信頼感を維持できるよう努力するとともに、自らの職務に対する責任を自覚し当事者意識を持って、常日頃から行動するよう求められている。

さて、以上で述べた「職制上の地位」というパワーについては、＜事例4－1＞で紹介した伊藤家の事例と矛盾している。実は、伊藤家の事例では、親子の絆（信頼関係）パワーが、親子の立場の違い（職制上の地位）によるパワーを凌駕したために、結果として子供が大人に対してリーダーシップを発揮できたと考えることができる。

リーダーシップを発揮するためのパワーは、すべてのパワーの源泉を総計した結果の相対的な力関係に左右されると考えることができる。

⑤ 本人固有の力

例えば、特定の学閥・派閥・閨閥等に属することによって得られるパワーがこれにあたる。先に、リーダーシップ能力は努力によって勝ち取るものであると説明したが、「本人固有の力」は本人の努力とは直接関係がないところで形成されるものである。

この「本人固有の力」は、実際問題としてパワーを生む源泉として、確かに存在する。現に政界やオーナー企業の例を見てもわかるとおり、今でもリーダーとなるうえで大きなウエイトを占める世界も存在する。

しかし、この「本人固有の力」を最優先して職場リーダーを決めていたのでは、厳しい事業環境の中で生き延び成長を続ける金融界をはじめとした多くの企業組織においては、組織を維持することは難しい。むしろ「本人固有の力」がもとで、組織内に不要な軋轢を生むことになる。

したがって、リーダーシップを発揮する際のパワーの源泉として、「本人固有の力」が存在するという事実を知るにとどめておけばよいであろう。

4．職場での具体的なリーダーシップ活動

職場でのリーダーシップは、実際どのような場面で発揮されるのだろうか。リーダーシップを発揮する相手により分類すると、フォロアーシップ、メンバーシップおよび狭義のリーダーシップの3種類に分けることができる。それぞれについて、事例を交え検討していこう。

(1) フォロアーシップ（＝上司補佐）

フォロアーシップ（＝上司補佐）とは、部下から上司への働きかけを指し、主に次の3種類の活動から成り立つ。

① 代行（代理行為の略）

上司が権限を有する職務を、上司の指示により部下が代わって行う行為を代行という。支店長に急な要件が発生したために、参加できなくなった会議

に部下が代わって出席するケースが、代表的な代行行為である。

＜事例4-2＞……………………………………………………………………
支店長：「おーい、早瀬代理いるかい？」
早瀬代理：「支店長お呼びですか」
支店長：「早瀬代理、昨日は本部での会議、ご苦労様でしたね。助かったよ。資料を見せてもらったが、ところで、何か変わった話でも出たかい？」
早瀬代理：「資料のとおりですよ。特別ご意見をおっしゃる支店長は、いらっしゃいませんでした。静かなものでした」
支店長：「そうかい。それはありがとう」
早瀬代理：「そうそう、支店長、人事部長から声をかけられました。『来期の要員計画の申請を先月支店長からいただいているが、その後申請内容の異動を支店長から聞いてないかい』と聞かれました。『異動なしです』と答えておきました」
支店長：「え、本当かい。そりゃ大変だ。君、どうして確認もしないで、大事なことを回答してしまうのだ。ここだけの話だが、この3月に退職者が出ることが先週本人から話があってわかったのだよ。話の性質上、皆には黙っていたが。要員計画は一度決まると、変更は容易ではないぞ。君、せめて会議のあった昨日のうちに、報告してくれればいいものを」
早瀬代理：「!!」
……………………………………………………………………………………

代行をする際には、次の点を忘れてはならない。
　A．上司の意向を反映した言動を行う
　　代行とは、あくまでも上司の代役である。事前に上司の考えや方針をしっかり伺い、確認したうえで、臨むことが重要である。不確かな事柄は、確認後返答をすることを伝える。
　B．委任された権限範囲内で行動する
　　予期していない問題に直面した際、代行者は独断専行してはならない。

C．代行終了後には上司へ速やかに結果報告を行う

　上司に代わってお客様を訪問した場合や会議へ代理出席をした後は、どんなに些細だと感じた事柄でも迅速に上司へ報告する。代理出席した会議で結論を持ち越した案件がある場合には、結論を持ち越すこととなった経緯や他の参加者の考え方や解答期限などを報告する。必要と感じた場合、併せて自分自身の考える対応策・善後策について説明するとなおよい。

D．結果責任と遂行責任

　代行行為の結果責任は、上司側にある。ただし、代行を指示された時点から、代行者はその事柄に対しての遂行責任を負う。したがって、代行者は代行結果を指示した上司に報告する義務を負っている。

② 情報提供

　リーダーシップとは、職場の仲間が仕事をしやすい職場環境や条件を作ることである。情報提供という上司補佐は、上司が意思決定を行う際に役に立つ情報を上司に迅速かつ的確に提供する行為をいう。次に挙げる情報が、典型的なものである。

・自分の担当業務に関して上司に何らかの意思決定をしていただく際、上司が直接入手しにくいお客様や部下などに関する情報
・上司の方針や考え・組織の業績に影響を及ぼすと思われる情報
・上司の職務遂行上必要であり、役に立つと思われるその他の情報

＜事例4－3＞……………………………………………………………………
天野代理：「支店長、今日の地方新聞に、メイン先の渡辺工業さんの話が出
　　　　　ていましたね。お気づきになりましたか？」
支店長　：「いや、それはうかつだった。何の件だい？」
天野代理：「ベトナム進出の件ですよ。社長からお聞きしてはいたのですが、
　　　　　規模を拡大するようですよ」
支店長　：「えっ、本当かい？　前にお聞きした規模の計画でも、資金不足の
　　　　　はずだったのだが…」

天野代理：「ひょっとすると、国内工場の一部を売却して、資金を捻出するのではないでしょうか？　息子の副社長は、創業時から続けている不採算部門の整理を以前より主張していたようですから」

支店長：「そうかい。渡辺工業さんも代替わりの時だから、あり得る話だね。天野代理、アポイントを取ってもらえないか。今日の午後にでも、一緒に様子を伺いにお邪魔しよう」

天野代理：「はい、さっそく電話を入れてみます」

....

上司に情報提供する際に留意すべき点は、次の２点である。
・事実をありのままに伝達し、自分の所見と区別する
・情報提供するタイミングを失しない

＜事例４－４＞..

川口代理：「支店長、困った事故が発生してしまいました」

支店長：「どうしたのだ、青い顔をして」

川口代理：「はい、実は部下の山下が大和物産さん宛の貸出計算書を、昨日誤って神田工業さんへ渡してしまいました」

支店長：「えっ、間違って渡したって！　そのことに、いつ気がついた？」

川口代理：「はい、つい先ほど気づきました。大和物産さんの総務の方が、先ほど計算書を受け取りに来られた際、山下が封筒を確かめたら、中に神田工業さんの計算書が入っていて、間違って渡したことに気づきました」

支店長：「いやいや君。それでは、大和物産さんの計算書が神田工業さんに渡ったかどうかは、わからないはずだ。違うか？」

川口代理：「いえ、説明不足ですみません。山下がすぐに、神田工業さんの経理課へ電話して、昨日間違って大和物産さんの計算書を渡したことを確認しました。先方では大和物産さんの計算書を封筒に入れたまま、担当者が今まで保管していたそうです」

支店長：「そうか、わかった。君は、至急神田工業さんに伺って、お詫びし

たうえで大和物産さんの計算書を回収してきなさい。私は本部の事故担当に電話で一報を入れておく。君が帰り次第、回収した計算書を持って、山下と一緒に大和物産さんにお詫びに伺うことにしよう」
川口代理：「はい、よろしくお願いします」
支店長：「それから川口代理。再発防止策は、今晩関係者を集め検討しなさい。明日の朝に、その報告を聞くことにする」
川口代理：「はい、かしこまりました」

．．

　職場組織では、現場から遠い上位職ほど、生の情報は入りにくい。また悪い情報ほど、上位職には迅速に伝わらない。管理者は異例事項が起きた場合、組織全体で対応することを最優先に考え、たとえ自分にとって不利な事柄でも、素早く上司に報告することを忘れてはならない。職場で起きたミスは、職場組織が起こしたミスである。職場の組織力で対応する以外、方法はないのだ。

　こんなことは改めて言われるまでもなく、誰もがわかっている。頭では理解していることである。しかし、人間は精神的に追い込まれた際、平時では想像もできないような判断ミスを犯してしまうことがある。起きてしまった事実に目を背け、犯人捜しをしようとする。立場の弱い者を責めようとする。これが、より大きな間違いを引き起こす遠因となる。非は管理不足の管理者自身にある。自分の問題点に目を向けなければならない。他責ではなく自責。それができてこそ、初めて一人前の管理者といえる。

　自部門内では解決困難と思われる事柄に直面したときこそ、このことを肝に命じ、事実をしっかり把握したうえで上司に報告し、組織の力を使って今できる最善の努力を払うべきである。大きな問題こそ組織力を最大限に活かして困難を打開することに全力を注ぎ、問題を抜本的に解決に導く決断力と行動力が必要となる。仕事のできる管理者とは、その思考習慣・活動習慣が身についている人を指す。

③　意見具申

　自分自身を顧みてもわかるとおり、すべてに対して完璧な人間など誰もいない。上司だってもちろん完璧であろうはずがない。むしろ上司に完璧を望むほうが間違っている。組織活動のよさは、不完全な人間同士が互いの欠点を補完し合い、強みを発揮し合って、大きな成果を生むところにある。上司が気づかずに見落としていた職場における問題点や課題を解決すべく、建設的な具体策を上司に提案することを「意見具申」という。意見具申は、職場で働く醍醐味を味わうことのできる、やりがいのある取組みである。

＜事例４－５＞
新任支店長：「わが店のテリトリーは住宅地を抱え、かつては住宅ローンやボーナス時の定期預金獲得で好成績を上げていたそうだが、このところ高齢化が進んで、業績がどうも上がっていないようだね。何とかよい手立てはないだろうか？」
増田代理：「年金振込口座の指定獲得にこの数年力を注いできました。係別目標を定めて獲得率のグラフを掲示して競争し合っていますが、最近はこれもマンネリ化して、効果は薄いですね」
馬場代理：「支店長、今年は営業係・融資係・テラーをバラバラにして、係横断的なグループ対抗にしたらどうでしょうか？　グループ間の連携も期待できますし、若い営業担当者の中には、テラーにいい所を見せたくて、頑張る者も出てくると思いますよ」
新任支店長：「そうだね。やり方を変えるのも、おもしろいかもしれないね。馬場代理、増田代理と協力して、具体化してください」

　ところで、率先して何でも話せる職場風土、あるいは人の話を親身に聴こうとする職場風土が、企業の成長には欠かせない。自由闊達な職場を作る主役は、やはり職場のリーダーである。ところが、リーダーであるべき管理者が仕事の改善に向けて率先して行動しないと、同列意識・集団活動を美徳と考え、お互いの個性や意見を封じ込める閉塞的な職場風土が急速に広がって

しまう。日本企業の悪い側面が出てくる。「若い人ほど自由に何でも話す」と考えるのは幻想である。あえて火中の栗を拾いたがらないのは、年齢に関係なく誰もがもつ人間の一面である。負のスパイラムが回り始めると、一気に職場に閉塞感が漂うこととなる。

そこで管理者には、上司に対して率先垂範して意見具申することが期待されることとなる。意見具申を行う際の基本的なチェックポイントを列挙すると、次のようになる。

A．上司にとってその上の上司を説得しやすい具申内容とする

上司と同等あるいはそれ以上に高い視線から、自金融機関や営業店の基本方針・目標と整合のとれた具申内容を考える。上司がさらに上の上司を説得しようとした際、管理者からの具申内容が上司の上司を説得できるよう配慮されたものであれば、直接の上司にとって受け入れやすく、とてもありがたい具申内容となる。この意識を常に持って意見具申することが、自分が将来上司の職位となった際に役立つことにもつながるのは当然である。

B．具申内容は具体的な行動に移すことのできる内容とする

たとえよい意見でも、具体的な進め方が検討されていない評論家的な提案ならば、誰でも考えることができる。「そうだね。そのとおりだ。それで、君はどう動いたらよいと思う？」と問われたとき、返答に窮するような提案は意見具申ではない。

したがって、意見具申する際の基本手順は、次のとおりとなる。

a．最初に実行することによって得られる効果を述べる

職場にどのようなメリットをもたらすかを明確にすることが重要である。

b．具体的な実行プランを述べる

その際、想定される質問に対して（可能な範囲で）必要な資料を準備しておくとよい。また、競合金融機関や僚店の事例など、他の金融機関や僚店の動向を説明すると説得力が増す。

c．具申内容の長所以外に短所・不具合な部分も説明する

長所・短所を共に述べつつ、実施によるトータル的な判断を促すほうが、かえって説得力が増す。また、必要と考えたときには、代替案も検討しておこう。

変化の激しい時代である。長所・短所が拮抗する活動ならば、実行するべきであろう。予期せぬ副次的な効果が期待できるからである。それだけに提案時点では、実施により想定される長所・短所の両面を説明し、上司に総合的な評価を下していただく姿勢が大切である。

d．自分自身が熱意を持つ意見具申であること

提案内容に自分自身が自信と誇りを感じてやりたいと考えることができれば、説得力が生まれる。事柄が大きなものほど、しっかり具申内容を繰り返し確認し、資料を見ることなく上司の顔を見て自信をもって話せるまで用意周到に準備をしよう。

ちなみに、ここで本題とは離れるが、部下に対しては完璧を求めすぎると、おそらく部下は意見具申をしてこなくなるだろう。提案制度などでの意見具申を、ここまで厳密に事前検討し提出するよう指導すべきではないと考える。提案制度での運営上のポイントは、狭義のリーダーシップの項で、別途検討しよう。

(2) メンバーシップ（＝同僚に対するリーダーシップ）

管理者になったときの職場での立場の変化は、結婚により家族を持ったときと似たところがある。

独身でいるうちは、最終的に守るべきものは（親の存在はさて置き）自分だけである。ところが結婚と同時に、家庭という組織を守ることが重要な自分の務めになる。伴侶である夫・妻や子供と共に生き、時には自分を二の次にしてでも伴侶や子供を守ることで、家庭という組織を全力で守り育てる人生がスタートする。この立場を強く意識し実践することで、家庭生活はうまく機能する。

一方、管理者になると同時に、自分中心であった担当者時代の職場生活から脱皮し、担当する職場を守り、部下が成長するよう大切に育て、最終的に

自分の勤める金融機関の発展に全力を尽くす職場生活がスタートする。この現実を管理者が強く自覚し行動すると、担当部門は職場で存在感をもつことができるようになる。

自金融機関の目指す経営方針・経営目標は、その方向性が定まっている。しかしながら、組織は細分化され、それぞれの部門に固有の仕事や役割が割り振られ、全体として組織運営される。それぞれの部門は、割り振られた自部門の役割をしっかり果たすとともに、他の部門と上手に連携できると、最終的には組織全体の目標達成という成果となって実を結ぶ。これが組織活動である。

しかしそれぞれの部門は、一歩間違えると全社的な連携を無視し、自部門のエゴをむき出しにした活動を展開し始める。他部門の役割を顧みることなく、自部門を優先し自由奔放に活動するようになる。そうなると部門間での軋轢や衝突が頻繁に発生し、結果として全社的な利益は損なわれてしまう。

この状況を打破し全社的な連携を強化する力は、経営者層の指導力もさることながら、現場の管理者が相互にメンバーシップを発揮しようとする意識から生み出されるのである。

職場は元来、助け合い、支え合い、一人では達成不可能な大きな仕事を協力し合って完遂していこうとする組織である。職場を支えるリーダー同士が様々な支援活動や情報交換を行い、連携し合う活動が不可欠である。一緒に力を合わせて仕事をしようという仲間を増やす原動力が、このメンバーシップである。具体的には、以下の２つの活動をメンバーシップ活動と考えることができる。

① **目標共有化に向けた取組み**

部門が分かれ、それぞれに期待されている役割が違っていたとしても、全社的には、同一の目標達成に向け、活動しているのだという意識を持つことが重要である。

4．職場での具体的なリーダーシップ活動

<事例4−6>

永田融資代理：「栗原代理、最近営業係の成績が上がっているのはいいが、融資係に持ち込まれる財務登録の内容に不備が多いので、センター持ち出し前に時間がかかって仕方がない。融資係の夕方の仕事が増えて時間外の増加要因となっている。もう少し財務の勉強をしてもらえないかな」

栗原営業代理：「いやあ、すみません。そうはいっても今勉強している時間はないですよ。期末の追い上げのときですからね」

永田融資代理：「これは今に始まったことではないでしょう。昨年も、私は同じことを頼んだはずですよ。この1年進歩がないじゃないか」

栗原営業代理：「永田代理、そういじめないでくださいよ。この寒い毎日、お客様に必死に営業している、営業担当の身にもなってくださいよ」

永田融資代理：「それとこれとは別でしょう。代理からその姿勢では、改まらないだろうが」

副支店長：「おいおい君達、何を騒いでるんだ。どっちもどっちだな。何とか2人して良い知恵を絞れよ。永田代理が先生になって、不備事項の多い項目だけでも、指導する時間を作ったらどうだ。栗原代理としても、なぜそう頼めないのだ。その程度の時間は作れるだろう。お互いもっと協力し合えよ。子供でもあるまいし。融資実績の積み上げが、現時点で重要な目標であることに変わりはないのだから」

　職場では、いろいろな場面で係間の衝突が起きる。営業部門と管理部門、本部と営業店、融資係と営業係、営業係とテラーなど、様々に立場の異なる部門や職制間で利害が衝突する。事例にあるような事態まで進展することは少ないと思うが、不満を口に出さずに静かに潜行させ、互いの心にストレスを溜めたまま問題が放置されているケースは意外と多いのではないだろうか。部門間の葛藤が顕在化していないだけで、不信感が渦巻いている。これでは職場の活気は失われよう。

　打開策を前面に出し、堂々と議論し合い、共通項を見出す努力を払う職場

99

風土を作りたいものである。

A．自金融機関方針や営業店方針の理解

部門間での衝突が起きた際、最終的に合意するための手がかりとなるものが、共通の目的である自金融機関の全社方針または営業店方針である。実際には、本部と営業店間や営業店同士の利害対立は経営者層の考え方、営業店内部での利害対立は支店長の考え方にそれぞれ従うことになる。

例えば、同じ企業を対象とした融資でも、支店長方針に従い、保全優先で融資枠を絞る判断を下す場合もある。一方で、企業側の攻めの経営方針を支援するため無担保での大型設備投資融資案件を実行するよう、支店長判断が変更されるケースもある。

したがって、管理者は問題が起きた都度、その時点での経営方針または支店長方針が何を最優先課題と考えているのかを、常に注意深く把握し理解しておく必要がある。そのためにも、組織間の対立が表面化した場合に、一段上の立場でお互いが合意できるよう、常日頃から管理者間で経営陣や支店長の経営方針について情報交換をして理解し合う習慣を付けておくことが望ましい。

また、経営情報を入手した際には、担当職位の1段階〜数段階上の職位の目線で自金融機関の経営を考える努力を意識して続けることが、肝要である。この努力によって、同僚の管理者に対して必要な様々な情報を、より多くかつ的確に発信できるようになる。その結果が、管理者としてのリーダーシップ能力を高めることにつながるのである。

B．自部門の意思の表明・伝達

組織は、共通の目的・目標を達成するために、互いに支え合って成り立っている。そこで職場のリーダーは、他部門に対して「自部門は他部門と友好に協働していきたいといつでも願って仕事をしていますよ」というメッセージを、常日頃から様々な角度から流し続け、信頼関係の維持・強化に努めることが重要である。

同僚との朝晩の挨拶や昼食時の会話はもとより、忙しい時間帯の手助け、他部門の手助けに対するさりげない謝意、同僚の職場での活躍に対す

る賞賛等、同僚と助け合いながら一緒に仕事をしていこうという親和感を機会あるごとに積極的な言動で示す。その活動が、困難に直面したときに、部門間で協力し合い円滑な組織運営をしていこうという、信頼関係で結ばれた職場風土を作ることになる。

　他部門との信頼関係を強固に作っている管理者を見て、いざという時には、他部門の支援も得てダイナミックな活動ができる「頼もしい管理者＝リーダー」であると、部下は評価するのである。

Ｃ．役割分担の相互理解

　全社的な経営方針を理解して活動すると同時に、その実現に向けてそれぞれの部門は、与えられた固有の職務を遂行している。管理者は、他部門の仕事に対して敬意を持ち、信頼関係に基づいた連携を図るよう、細心の注意を払い行動する必要がある。

＜事例４－７＞……………………………………………………………
安藤代理：「脇田支店長、ただいま帰りました。小笠原工業所さんから相談したいという電話が昨晩あったので、今日さっそく伺ってきました。よかったですよ。小笠原社長から、直々に本社の全面改築の話を聞けました。小笠原社長は、『新任の石川営業代理に話すべきだろうが、ついつい君は話しやすいので電話させてもらったよ。安藤さん、相変わらず熱心だね』って言ってくれました。小笠原社長、上機嫌でした。いよいよ大口の融資が受注できそうですよ」
脇田支店長：「あっそう。で、石川代理と一緒に行ったのだろう？」
安藤代理：「いえ、早いが一番ですよ。石川代理は忙しそうなので、前任の私が一人でとりあえず行ってきました。石川代理にはこれから連絡します」
脇田支店長：「君は、相変らずだな。石川代理にちゃんと説明してバトンタッチしておいてくれよ」
安藤代理：「はい、もちろんですよ。わかりました」
脇田支店長：*組織のルールを無視する規律性に乏しい代理だ。協調性に欠*

るだけでなく、自分の欠点に気づいていない。**組織人として未熟すぎる。これでは部下からの人望もなくなるわけだ。**

　お客様の要望を正面から受け止め、お客様に期待水準以上の満足感を与え続けることこそが、サービス業で最も重要な活動である。しかしながら、「お客様の都合や要望」を理由に、組織の基本ルールを全く無視した行動に出る行職員が時として現れる。

　これは大きな見当違いである。諸般の事情からやむなく原則を変え、臨機応変な対応が必要な場合もあろう。しかし、"お客様"を楯にして、組織間のルールを、自分や担当する部門に都合のよいように勝手に解釈し、自己顕示欲が見え隠れする行動をとることは決して許されるものではない。お互いの役割を尊重し認め合ってこそ、組織間での真の連携が生まれるのである。

　a．自部門・他部門の役割の理解

　　営業部門が貸出残高の増加を目標に活発な営業活動を展開する一方で、融資部門は、融資先の信用判定を厳正に行い、不良債権の発生を未然に防ぐ。両部門が互いによい意味で牽制し合うからこそ、金融機関は健全な資産を形成できる。部門間で役割を分担し牽制し合う活動は、組織運営上、必要不可欠である。このように利害がかち合う分業体制をあえて作り、お互いの立場を尊重し合い、合意形成の努力を払いながら組織全体の調和を図ることこそ、本来の組織活動と言えよう。

　ところが、各部門が自部門の役割のみを前面に出して主張し、他部門の活動や働きかけを無視する行動を始めると、そこに"組織の壁"ができる。組織の壁は、部門間の情報交流を遮断し、部門ごとに役割分担したことがかえって組織に弊害をもたらす。組織の壁を打ち破ることは、職場リーダーである管理者が果たすべき重要な役割である。

　職制上対立する部門間の壁を破る際、「後工程はお客様」という標語を思い出していただきたい。この標語、正しくは「前工程は神様、後工程はお客様」という。職場で衝突し合う部門とは、必ず仕事上のやり取

4．職場での具体的なリーダーシップ活動

りがあるはずである。これは相手の部門が、自部門にとって"神様"あるいは"社内顧客"であることを証明している。普段衝突する部門は、仕事を受けた際にはありがたく頂き、自部門から不良品を流したり欠品を発生させたりして、迷惑をかけてはいけない、大切な神様、またはお客様なのである。

「衝突する部門＝神様・お客様」という認識で、職場全体の中で受け持つお互いの役割を正しく理解し合う努力をしよう。言い換えるならば、現在の職場で利害の衝突し合う部門が、ともになぜ必要なのかという理由を管理者同士で十分認識し合い、お互いの存在価値を認め合うことから始めることが重要である。

そのうえで、自部門から相手部門に対して、どのような役に立つサービスを提供できるかを考え、自部門の力を総動員して、相手部門にサービスするのである。相手以上のサービス力を発揮するのである。

例えば、営業担当の管理者であれば、貸出稟議書を提出する前、融資見込先の与信判断材料となる各種情報を融資部門に十分な余裕をもって提出するよう、部下を指導する。そして、財務情報の登録や担保評価作業など、問題点の把握や事務処理を先行して実施してもらおう。

逆に融資担当の管理者であれば、融資事業にまつわる各種資料・帳票類の取扱いや信用判定のポイントなどに関する店内勉強会を開催し、営業部門に参加を呼びかける。また、お客様の決算書を分析して経営課題仮説を立て、営業部門に提案営業のヒントを提供する。

繰り返しになるが、「対立しがちな部門＝神様・お客様」なのである。神様やお客様である部門に対しては、自部門で実行できる有益な様々なサービス活動を率先して行おう。本来、金融を通じたサービス業に従事している者に、この活動ができないはずはない。管理者の心づかいと行動力が、職場の仲間があなたをリーダーとして認める原動力となるのである。

b．責任権限体制の理解と尊重

管理者は、最終責任がとれない事柄を軽率に言動してはならない。金融機関における中核事業は、お客様から資金をお預かりし、その資金を

103

取引先に貸し出すとともに、各種資金決済を一手に引き受けるという、お金にまつわる事業である。したがって金融機関組織は、責任権限を明確にして曖昧な判断や不正を未然に防止する体制を構築し、堅確に運営されている。組織の責任権限体制の遵守は、最も重視されるべき事柄であろう。

一方、職場の規則は、あくまでも行職員自身の職場活動で一定の規律が保たれることを目的に作られたものである。その規則を職場外のお客様にまで一方的に押し付けることは適切ではない。そこで、先の事例にみられるような問題の発生する隙が生まれるのである。

職場の責任権限体制を逸脱せざるを得ない顧客の事情を優先すべき事態に直面した場合には、職場の人間関係や仕事の手順に混乱や誤解を招くことがないよう、細心の根回しと準備を忘れないことが重要である。また、転勤や担当替えのあった際には、異動時の引き継ぎをしっかり行い、後から問題が発生しないよう、万全の対策を打っておくことが必要である。

先の事例では、もし石川代理が忙しいのであれば、石川代理または自分の上司である支店長に対し、事前に事情を説明したうえで、安藤代理は石川代理の手持ちの仕事をバックアップする立場に専念するよう申し出るべきであった。同時に、お客様の小笠原社長には、担当変更した事実を、再度しっかりと説明しておくべきであった。

(3) 狭義のリーダーシップ（＝部下に対するリーダーシップ）

部下に対して仕事への動機づけを促す活動が、狭義のリーダーシップである。具体的な活動について、事例を交えて考えていこう。

① 部下への的確な指示・命令の発信

管理者から部下へ仕事や期待する役割を指示することにより、部下の職場活動は始まる。ただし、部下は心をもつ人間である。通り一遍の指示を出すだけで、部下の仕事が管理者自身の思うとおり順調に進むはずはない。

4．職場での具体的なリーダーシップ活動

<事例4－8>
吉田代理：「河野君、金曜日の営業会議の案内は、配ってくれた？」
河野君：「はい、係全員に配りました。吉田代理、これです」
吉田代理：「そうか、見せてくれ。おいおい、河野君、これじゃだめだよ」
河野君：「えっ、どうしてですか？」
吉田代理：「今回は期末まで1ヵ月しかない2月の営業会議だぞ。だからこそ、わざわざ事前に各人が準備するよう、君に会議案内の作成を頼んだじゃないか。場所と時間と、通り一遍の議事項目では、意味ないだろう。狙いをしっかり書いてくれよ」
河野君：「狙いって、なんて書けばよいのですか？」
吉田代理：「そんなこと、自分で考えろよ。チームリーダーの君にわからないわけはないだろう！」

　この事例は、部門の今期目標達成にとって極めて重要な営業会議の案内を、部下の河野君に指示したものである。吉田代理は、河野君の日頃の仕事ぶりから、案内を作成依頼するときに、河野君がどう受け止め、行動するのかを慎重に予測して指示すべきであった。

　河野君の仕事に対する姿勢や熟練度を考えると、吉田代理はもっと依頼内容を明確にした指示をすべきであった。すなわち、期末まで1ヵ月と迫った2月の営業会議の位置づけ、今期の業績目標達成の難易度、チームリーダーの河野君に会議案内を作成させる意図などを丁寧に説明し、2月の営業会議に臨む吉田代理の覚悟とともに河野君への期待も併せて話し、会議案内の作成を指示すべきであった。

A．仕事の指示の仕方を工夫する

　日常業務の中で発生する部下への指示は、個々の部下の仕事への熟練度や、指示する時点での部下の精神状況などを見極めながら、相手に指示内容が理解できるように細心の注意を払って、言葉を選ぶべきである。ここでも管理者には、"内部顧客"としての部下をしっかり理解したうえで対応することが求められるのである。

すなわち、仕事に未熟な部下には、懇切丁寧に仕事の目的ややり方を教え、指示したとおりにやらせることを指導の中心にするのである。一方、ベテランになるほど、仕事の目的ややり方を自分で考えて行うような指導方針で臨むのである。

　ここまで述べると、「私の若い頃は、そんなことまで配慮してくれる管理者はいなかった」「最近の若者は、甘えすぎではないか」と言いたくなるかもしれない。しかしながら、10年、20年前と現在では、職場環境は大きく変化している。仕事の多様化とともに、スピード感も当時の比ではないのだ。また、現在の20代が育った世界を、30代以上の世界と同じだと考えること自体に無理がある。確かにじっくり考えさせる習慣を身に付けさせることは大切である。しかし、それをベテランの部下から新人まで全員に当てはめて、職場活動で実践することは適切ではない。上司が部下に「背中ですべてを教える」時代は、とうに過ぎ去っている。一人ひとりの仕事への熟練度や指示する時点での部下の精神状態などを見極めながら、それぞれの状況に合わせて対応することが必要である。

　また、部下に仕事を指示する際は、当然ながら全社経営方針や営業店の方針に基づいた指示を行う。上司からの指示を部下に伝える中間管理者の役割を一般には、"パイプ役"という。しかしオウム返しのように、経営幹部や上司からの指示をそのまま部下に伝えるだけならば、中間管理者の役割を果たしていることにはならない。

　部下のやる気を引き出すには、職場が抱えている現状の問題点、そして将来に向けた課題の両方を、管理者自身の考えも加えて部下にわかるように伝えることが必要である。もちろん経験が未熟な部下に仕事を指示する際は、なぜその仕事が重要なのか、なぜその仕事を部下に指示するのかをわかるように伝え、相手が納得できる説明を加えることが好ましい。中間管理職は、単なる"パイプ役"ではない。上司の思いを部下が納得できるように伝える"変電所"なのである。

　第3章でも述べたが、業績目標を伝達する場合には、目標となる結果数字だけを指示するのでは、部下のやる気は起きない。その目標達成に至る

までの成功ストーリーを描き、達成するまでの過程を示すのが、現場を任された管理者の責務である。

B．動機づけにつながる役割明示法

　部下自身の職場における役割を明確に示すことが、部下のやる気を引き出すうえで重要なことは、すでに説明した。しかし、せっかく部下に役割を指示するのであれば、動機づけにつながる役割明示法がありそうだ。

　筆者の経験では、管理者が相対で、部下一人ひとりに個別に役割を指示するだけでは、部門全体の結束という点で問題が残る。管理者自身も含めた担当部門全員の職場での役割を一覧表にした「〇〇係役割一覧表」を作成し、全員に全員の役割を通知し共通認識とさせるやり方が、より効果的である。この一覧表を作成することによるメリットは次のとおりである。

　ａ．組織における管理者の役割を部下がしっかり認識できる

　　筆者は以前、管理者である自分の役割として、「異例事故対応担当者」と記載して、部下全員に知らせていた。異例事故は、職場では異常事態である。異常事態の対応者は一般行職員ではなく、管理者の仕事であるはずだ。したがって管理者は、「異例事故対応責任者」である以前に「異例事故対応担当者」なのである。このように伝えておくことにより、事故が発生した際、部下は事故対応担当者である上司にいち早く、事故発生の事実を包み隠すことなく報告し、その後の初動対応を組織を挙げて迅速に行うことができるのである。

　ｂ．部門全員の役割が共有化されチームワークが強化される

　　各メンバーが全員の役割を知っていると、自分が前に担当していた役割の後任者がわかり、前任者は後任者に進んで仕事を指導をするようになる。後任者も仕事を相談する相手がわかり、新たな仕事への戸惑いが少なくてすむ。また、繁忙時などに応援する習慣が自然に芽生えるなど、部門内の仕事の連携が強化され、仕事をしながら仲間同士で教え合うＯＪＴの風土も芽生えてくる。

　　少なくとも以上２点のメリットがある。是非部下に役割を明示する際には、部門全員に対して全員の"役割の見える化"を図っていただきたい。

② 部下から寄せられる情報への対応

日常的にお客様と直に接している営業担当者やテラーは、お客様の状況変化をいち早く察知できる立場にある。現場の声を経営に反映させるためには、現場管理者が部下からお客様の生の情報を漏れなく吸収し、必要な情報を上位職に迅速に伝達することが重要となる。

A．傾聴力を高める

理屈では十分わかっているつもりでも、我々は無意識のうちに上司からの声かけを優先し、部下からの働きかけを後回しにしてしまう傾向にある。

＜事例４－９＞..
荒木君（入社２年目）：「鎌田代理、少しお時間をいただきたいのですが」
鎌田代理：「やあ、荒木君。急ぎの要件かな。今ちょっと本部宛の報告書を書いているから、後にしてくれ。書き終わったら声をかけるから、待っていてくれ」
荒木君　：「はい…」
支店長　：「ちょっと、鎌田代理、来てくれないか。相談したいのだが…」
鎌田代理：「はい、わかりました。応接室ですね」

20分後、支店長と鎌田代理が、共に自席に戻る。

鳥居君　：「鎌田代理。荒木君の話、聞かれました？」
鎌田代理：「ちょっと待ってくれ。忙しいのだ」
鳥居君　：「鎌田代理。荒木君は（メイン先の）早川工業の佐藤経理部長に呼ばれて、今しがた、すっ飛んで行きました。叱られていたみたいですよ」
鎌田代理：「えっ、何かあったの？」
....

4．職場での具体的なリーダーシップ活動

　部下が上司である管理者に「報・連・相」をする際には、それなりに準備し、覚悟をもって臨むはずである。人により濃淡はあるものの、部下が上司に何かしら話しかけようとするときは、部下にとって緊急度や重要度の高い事柄を上司に訴えたいときなのである。ましてや、今回の事例における荒木君は２年目の行職員であり、鎌田代理としては、声をかけられた時点で、「おや？」と、何らかの異変を感じとるべきであり、声をかけた荒木君の顔の表情を読みとるべきであった。

《部下からの情報を聴く際の留意事項》

　管理者は、あわただしい日々を過ごしている。とっさに部下から声をかけられた際に、しっかり正対して部下の話を聴くことなど難しいと思うかもしれない。しかし、筆者が担当者を対象とした研修の席上で若手行職員が望む上司像を聞くと、「話をしやすい上司であってほしい」という声が最も多い。部下から声をかけられたときこそ、職場リーダーとしての真価が問われるのである。

　部下から声かけがあったときには、デスクワークから目を離し、部下を正面から見るよう身体の向きを変え、視線を部下に移そう。そして、部下の話ではなく、部下の心を読み取るつもりで部下と向き合う習慣を身に付けよう。このときが、ＯＪＴの絶好のチャンスでもある。傾聴についての具体的なやり方については、次の第５章で詳しく取り上げる。

　また、口頭のコミュニケーション以外に、営業担当者やテラーからは、日常的に営業日誌が作成され上司に提出される。営業日誌類は、日中十分な会話時間のとれないこれらの部下にとっては、重要な上司とのコミュニケーション手段である。しかし、ただでさえ提出が遅くなりがちな営業日誌である。提出されたものへのコメント記入後の返却は、翌日以降になることがほとんどである。これでは渉外担当やテラーとの迅速かつ満足のいくコミュニケーションは不可能である。

　したがって、部下からの営業日誌類が管理者の手元に届いたその場で、別途「今日の重要案件は何かな？」などと一言添えて、個別に概略のコメントを聞くように心がけるとよい。営業日誌類の紙面は、きわめ

て狭い。紋切り調の書き方が大半である。管理者からの一言があると、部下は文章化が難しい出来事まで踏み込んで、様々な情報を話してくれるものである。重要案件に対する考え方を伝えることや指示もその場でできる。管理者は「待ち」の姿勢をやめて、部下からの情報を自分から積極的に取りに行こう。

B．部下からの改善提案を承認する

かつては、ほとんどの金融機関で、「改善提案制度」が全社レベルで活発に展開されていた。しかし残念なことに、その多くが現在では頓挫してしまった。それはなぜであろうか。

要因の1つに、改善提案制度の仕組みそのものに問題があったと思われる。改善提案書の多くは、改善実行前にコスト効果を金額換算して記載する仕組みとなっていた。また、提案した改善事項は、承認された後に実施する流れであった。しかし、本部からのレスポンスの遅さも手伝って、提案者の熱意が冷めた頃に審査結果が通知されることもあった。提案するごとに報奨金を出すなどの対策を打っても、担当者のやりがいに火をつけることは少なかったのである。

<事例4-10>
藤原代理：「小西さん、事務用品倉庫が随分、きれいになったね」
小西さん：「はい、勝又さんたちと掃除しました。ついでに帳票ごとの本部請求時期がわかるように、在庫用度品に標示をつけておきました。余分な在庫を持たなくてすむようになると思います」
藤原代理：「それはありがとう。せっかくだから、改善提案を本部に出したらどうかね」
小西さん：「いえ、やめておきます。書き方が複雑ですし、もうやってしまったことですから…」
藤原代理：「そうだね。確かに面倒ではあるよね。でも努力したことだから、支店長には私から報告しておくよ。ありがとう」

4．職場での具体的なリーダーシップ活動

　職場では、現在でも心ある担当者が、日々絶えず数々の改善を続けている。管理者の気づかないところで、細かな工夫を重ねている実態を管理者は見過ごしてはならない。部下のそのような努力をしっかりと拾い上げ、職場組織として褒めて承認することが、部下の仕事への前向きな姿勢を引き立てることになる。

　現在の職場環境にふさわしい改善提案制度は、「改善実行報告制度」ではないだろうか。気づいたその場で改善を即実行し、その概要を「改善実行報告ノート」に記載し、支店長まで報告する取組みである。コストのかかる改善や本部も巻き込まなくてはできない提案のみ、改善実行前にその要点を「改善提案シート（専用シート）」に記入し、管理者経由で（必要な場合には）本部まで報告するのである。管理者は、「改善実行報告ノート」や「改善提案シート」などに記載された都度、内容を確認しコメントを付けたうえ、支店長に報告するのである。

　「改善実行報告制度」実施のメリットは、次のとおりである。

- 思い立ったその場で改善を実行でき、迅速な改善活動ができる。
- 管理者が、部下の日々の隠れた努力を拾い上げ公式に認めることにより、部下の仕事への動機づけを図ることができる。
- 「改善実行報告ノート」への記入項目を簡素化して、どんな些細なことでも記入することをルール化することで、担当者の改善報告を書く手間が省かれ、結果として担当者の改善意欲が高まる。

　金融機関以外の業種では、今でも改善提案あるいは改善実施報告制度を実行し、効果を上げている企業が多く存在する。金融業界でも何とか改善活動の「見える化」にチャレンジを続けていく必要がある。

C．現場の声を上司に説得力をもって伝える

　企業間競争が熾烈を極める現在、あらゆる企業でストレッチな業績目標を掲げ、その達成に向けた挑戦を毎年繰り返している。お客様に直接営業する部門はもとより、限られた時間内で有力な新商品の開発を迫られて

いる部門などでも、上司から指示された目標や課題を何とかやり遂げようと、担当者は必死になって限界的な努力を重ねている。部下から悩みや不満が噴き出てもおかしくない状況にある。管理者は、そのような現場の声を吸収し反映させた改善を、上司に求めなければならないケースがしばしば発生する。

このようなとき、現場を担当する管理者は、例えば部下の要望を「担当の〇〇君が、こんなことを言っています。何とか善処してやってください」というように、窮状を訴える部下を前面に押し出して、自分が第三者であるかのような発言を上司にしてはならない。このような上司は、部下から見れば最悪の上司としか映らない。

上司に対して、管理者は部下の楯となるべき存在である。部下の意見や悩みを聴いた際には、担当部門としての最善策を、管理者自身の問題として捉え検討すべきである。そして、上司への報告や要望を行う必要があるならば、当事者である自身の考えとして上司に伝えるべきである。

上司へ説得力ある交渉のできる管理者こそ、部下にとっては真のリーダーである。先にも述べたように、賢い職場のリーダーであるならば、いざという時に上司に対し主張すべき事柄を堂々と述べることができるよう、常日頃から上司との信頼関係の強化に細心の注意を払い、万全を期すべきであろう。

5．数々の動機づけ理論

たとえ目的・目標が部下全員に浸透し共有されたとしても、持てる力を存分に発揮するスキルと気概が部下になければ、担当部門の目標達成は難しくなる。

そこで協働意欲を掻き立てる様々な「動機づけ」施策が必要となる。これまで、職場のリーダーである管理者が留意すべき事柄を、具体例を交え解説してきた。ここでは代表的な動機づけ理論を再確認し、現代的な視点からポイントを検討してみよう。

(1) アブラハム・マズローの「欲求の５段階説」

「欲求の５段階説」は、最も有名な「動機づけ理論」であろう。図表４－３にあるように、人間の欲求には、生きて行くために不可欠な生理的欲求が最も低位にあり、それが満たされていくと順次高位の欲求へと、人の欲求は合計５段階で変化していくという理論である。

●図表４－３　アブラハム・マズローの「欲求の５段階説」

自己実現の欲求	…… 潜在している自分の能力を引き出し、創造活動を楽しむ欲求
承認・尊重の欲求	…… 第三者から、自分の存在を認められ尊敬されたい欲求
社会的欲求（所有と愛の欲求）	…… 社会の一員として認められ、仲間との集団を作りたい欲求
安全の欲求	…… 安全で安心できる環境で暮らしたい欲求
生理的欲求	…… 眠い・食べたいなど、生きるための根源的な欲求

現在の社会では、（特異な事例を除き）社会的欲求まではほぼ満たされていると考えることができよう。したがって、管理者自身が部下の動機づけにこの理論を応用する場合には、優れた職場活動をした部下を全行職員の面前でほめたり、部下の得意とする仕事を任せたり、職場で必要とされている人材であることをわかりやすく話すなど、承認・尊重の欲求を満たす方策が有効となる。

また、部下の潜在的な能力を見抜き、その分野の仕事にチャレンジさせて達成感を味わう機会を与えるなどといったことも、自己実現の欲求を満たすために効果的である。

(2) ダグラス・マグレガーの「Ｘ理論・Ｙ理論」

ダグラス・マグレガーは、人間観を「Ｘ理論」および「Ｙ理論」という、相対する側面で捉え、それぞれの人間観に合わせた動機づけのやり方を提唱した。

X理論とは、「人間とは、生来なまけもので、強制や命令によって仕事をさせなければならない」とする考え方で、上記マズローの欲求5段階説では、低位の欲求をもった人間に対する動機づけ手法であるとした。

一方、Y理論では、「人間は自ら進んで責任をとって行動しようとするものである」とする考え方で、マズローの欲求5段階説では、高位の欲求をもった人間の動機づけ手法として有効であるとした。このような人材は、企業の目標と本人の欲求との統合に気を配れば、あとは自らのスキルや能力を自発的に活用し、組織目標の達成に励むという理論である。

この理論を現代社会に当てはめれば、Y理論に基づく人間観を前提に部下への動機づけを図ることが有効と考えられる。成功したスポーツ選手のコーチから、「今の子は、ほめてやることによって、才能が開花して想像以上に伸びるものですよ」と言った談話が、テレビインタビューなどでよく語られる。その根底には、比較的不自由なく成長してきた若年層に対する指導の在り方を示すものとして、Y理論が有効であることを物語っていると考えられる。

(3) ハーズバーグの「動機づけ、衛生理論」

「職務満足と職務不満足の要因は同じものではなく、別々のものである」というのが、「動機づけ、衛生理論」のポイントである。

図表4-4にあるように、上司から部下への働きかけは、「衛生要因」と「動機づけ要因」の2種類に分類される。そして、衛生要因にあたる対策を部下にした場合は、残念なことに部下の仕事に対するやる気が高まるのではなく、不満の度合いが和らぐだけである。一方、動機づけ要因にあたる取組みを部下にした場合には、仕事への満足度が高まり、部下は潜在能力を最大限に発揮して自主的な活動を行うとする理論である。

2つの要因の中身を比べると、衛生要因には即物的な項目が多い一方、動機づけ要因には部下の心をゆさぶる項目の多いことがわかるであろう。

●図表4－4　動機づけ、衛生理論

衛 生 要 因	動機づけ要因
① 会社の方針、経営	① 達　成
② 上司との関係	② 承　認
③ 作業条件	③ 仕事そのもの
④ 給　与	④ 責　任
⑤ 部下・同僚との関係	⑤ 昇　進
⑥ 身分の保証	⑥ 成　長
やる気を引き出すには、動機づけ要因を考慮する必要がある。	

　以上が、代表的な3つの動機づけ理論である。
　いずれも、職場で部下の動機づけがうまくいかないときなどに、管理者に何らかの考えるヒントを与えてくれる、有効な理論である。

第5章
職場のコミュニケーション

　職場の力を結集し、生産性の高い業務活動を達成しようとするには、活発なコミュニケーションが欠かせない。しかし、いつの時代、いずれの職場においても、コミュニケーションには、避けて通ることができない多くの課題が存在する。
　この章では、職場のコミュニケーションを基本から振り返るとともに、管理者が心得ておくべき事項を事例を交え検討していく。

第5章　職場のコミュニケーション

1．コミュニケーションの基本原則

(1) コミュニケーションの重要性

　良好なコミュニケーションは、組織の目的・目標の共有化（第3章）、職場の仲間を動機づけるためのリーダーシップ（第4章）とともに、職場組織の活性化に欠かすことのできない3要件の1つである。
　「仕事の側面」と「人間の側面」に分けて、コミュニケーションの機能を考えると、次のとおりとなる。

> ＜仕事の側面＞
> 　○経営方針・業務方針の全メンバーへの浸透
> 　○部門間および部門内での連携の強化
> 　○営業現場やお客様の声の収集と仕事への反映
> ＜人間の側面＞
> 　○職場内における信頼関係の維持・強化
> 　○職場内外のお客様やステークホルダーとの関係強化

　ここで、コミュニケーションに問題がある職場の状態を考えてみよう。
　「上司が考えているように部下が動いてくれない」「各部門・各担当者がそれぞれ勝手気ままに行動する」「お客様の不満が現場を離れた支店長や本部に届かない」「係間で無用なトラブルが頻繁に発生する」「結果として来店客がいつの間にか減少する」など、仕事をするうえでの悩ましい問題が次々と出現し、容易ならざる事態となる。
　管理者は、自分の担当部門が他の部門と比べて活気が失われ、覇気がなく、沈滞ムードに陥っていると気づいたときには、目的・目標の共有化、動機づけとともに、良好なコミュニケーションを含めた組織活性化の3要件のどれに主な原因があるかを冷静に考えてみるとよい。きっと思い当たる節がいくつか発見できるはずである。

(2) コミュニケーションが成立するための要件

　それではコミュニケーションを上手にとるために、管理者は何に注意を払ったらよいのだろうか。職場でのコミュニケーションのポイントを以下に整理する。

① 伝える相手が誰なのかを明確にしてコミュニケーションを行う

　ビジネス文書は、日付の次に出状先を書くのが原則である。当然ながら会話の場合も話す相手を意識する。電話では、最初に話し相手を確認し合う。これは相手の立場や状況を正しく理解したうえでないと、上手にコミュニケーションができないことを示している。当たり前のことのように思われるが、実態は誰に読んでほしい文章なのかが不明確な会議資料や稟議書が結構出回っているので、注意が必要である。

　第4章では、上司へ意見具申する際には、「上司がその上の上司を説得しやすい具申内容とする」と述べた。これは「伝える相手を明確に意識する」応用編と考えることができよう。

② 伝える心を大切にしてコミュニケーションを行う

　「仏作って魂入れず」という諺がある。文章作成者や話し手が心にもないことを書いたり話したりすると、当然ながらコミュニケーションは空疎なものとなる。さらに伝える側に熱い思いがあったとしても、それが書かれた文章や会話の中に表現できていなければ、やはりコミュニケーションは失敗する。

　自分の考えを相手にしっかり伝えようという思いが表情や文面で表現できると、相手は納得してくれるし、話した中身に賛同できなくても、好感はもっていただける。一方、どんなにわかりやすい話や良い話でも、語り手の心が伝わらなければ、生意気に思われたり、時には拒絶反応を返されたりもしてしまう。

　他事で忙しく精神的に追いつめられていた場合でも、相手のあるコミュニケーションを交わす際には、自分自身の気持ちや思いを熱意を込めて相手に

伝えようとする集中力が欠かせない。コミュニケーションには、それだけの事前の準備と相当の覚悟が必要なのである。

俗に「メラビアンの法則」とよばれるものに、次の説がある。

●図表５－１　メラビアンの法則

説得力を構成する３要素	ウエイト
言語情報（＝Verbal：話や文章の内容）	7％
聴覚情報（＝Vocal：口調や話す速さ）	38％
視覚情報（＝Visual：表情や見た目）	55％

（注）本来「メラビアンの法則」は、曖昧なメッセージが伝えられた際の人の受け止め方を分析したものであるが、日本では通説として上記のように解釈され、一般化されて広まっている。

聴覚情報と視覚情報の２つは、伝える側の"心"が顕在化して現れた結果、表面化するものである。言語情報以外のこの２つの情報で説得力全体の93％を占めている。コミュニケーションにおける"心"の重要性を端的に示している法則と考えることができる。

③　「言った」「聞いてない」問答が発生したときの基本原則と対応

職場では時として、「言った」「聞いてない」という争いが起きる。本人同士は自分の立場を主張するのに必死であるが、端から見ていると誠に見苦しい限りである。

この問題が発生した場合には、「情報の発信側に非あり」と結論づけるのが原則である。なぜならば、受信側が納得していない限り、コミュニケーションが成立していると判定できないからである。

したがって発信側は、以下のような細心の注意を払い、コミュニケーションを行う必要がある。

> ・受信側の反応を確かめ、相手に伝わる工夫をする。
> ・必要な場合には、確認のための復唱を求める。
> ・部下に指示する際は、結果報告の期限を定め、必ずその報告を受ける。
> ・備忘録に、話し相手と時間・場所・内容を記録しておく。
> ・時には、口頭伝達をすると同時に、確認メールを送る。

　一方、受信側は、受け取った内容を曖昧に解釈したままで、知った顔をしてはならない。納得できない事柄に対しては、とにかく質問することが重要である。質問する言葉がとっさに見当たらない場合には、「それはなぜですか？」「それはどうして？」と、口癖のように『なぜなぜ問答』を繰り返せばよい。質問するうちに、発信者さえ気づかないでいた新事実が発見できるケースも多い。
　これらの確認を、忙しい職場でのコミュニケーションで行うことは現実的ではないと考えられる。しかし、伝達内容や伝える相手を考え、不安を覚えた場合には必ず実践したい。
　なお、月次開催の部門内会議など必要と思われる重要会議では、必ず会議議事録を作成する必要がある。議事録には、①決議事項、②未決事項、③情報連絡事項の3つの違いがわかるように記載する。そして、誤解や錯誤が発生している可能性がある部署や主だった関係者には、口頭などで間違いがないかの確認を行ったうえで、関係者全員に回覧しておくことが好ましい。

④　人格を尊重したコミュニケーションを心がける

　図表5-2にあるとおり、人の個性は5つの層に分解できるという説がある。この説によると、人の個性は内側から、資質、頭のキレ、性格、態度、役割認識の5層から構成されている。

・資質…生まれつき持っている各個人固有の特質
・頭のキレ…いわゆる「右脳派・左脳派」といった、脳の構造から生まれる特性

第5章　職場のコミュニケーション

・性格…考え方・感じ方など、人の内面が持つ独特の性質
・態度…考え方や感情がもとで表面化する人の言動や表情
・役割認識…社会的立場に付随する周囲からの期待への認知度

●図表５－２　人格を尊重したコミュニケーションを心がける

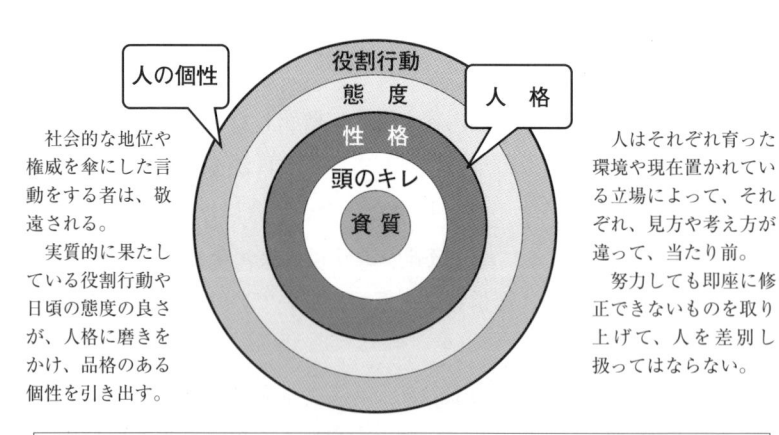

人の個性：社会的な地位や権威を傘にした言動をする者は、敬遠される。
実質的に果たしている役割行動や日頃の態度の良さが、人格に磨きをかけ、品格のある個性を引き出す。

人格：人はそれぞれ育った環境や現在置かれている立場によって、それぞれ、見方や考え方が違って、当たり前。
努力しても即座に修正できないものを取り上げて、人を差別し扱ってはならない。

（同心円：外側から）役割行動／態度／性格／頭のキレ／資質

お互いの人格を認め合うところから良好なコミュニケーションが生まれる

　これら５つの層のうち、資質から性格までの内側の３層は、人が生まれて以来、育ってきた様々な生活環境の中で長年かけて獲得したものである。その人にとっては自分自身を構成する極めて大切な部分であると同時に、努力しても簡単には矯正できない、その人が固有にもつコアな部分である。
　筆者は、これが人格であると定義している。そして、努力してもすぐに直すことのできない人格に対して、第三者が無断で立ち入って勝手気ままに干渉し、心を傷つける行為を「ハラスメント」（嫌がらせ）と呼ぶものと捉えている。
　職場の仲間やお客様と大人同士の良好な人間関係を保つには、この人格の部分をお互いに尊重し認め合い、そのうえで態度や役割認識といわれる人格の外形２層部分を、お互いに努力し矯正し合いながら職場生活をおくるのが、正常な組織における人間関係を保つための基本である。

見方を変えると、態度と性格は、似て否なるものである。コンビニエンスストアでアルバイトをしている学生を思い出すとよい。人は、たとえ性格が暗くても、態度教育によって、すぐに明るく挨拶ができるよう自分自身を変えることができる。さらに、好ましくない態度を長期間にわたり直す努力を続けることができたとき、数年から数十年の歳月を経て、性格も徐々に変わっていくのである。

したがって、職場の上司や同僚・部下と社会人としての大人の関係を築き、良好なコミュニケーションを交わすには、性格の好き嫌いで人間関係作りに濃淡をつけるべきではない。性格を含めた人格部分はお互いに尊重し合い認め合ったうえで、態度の悪い部分は自分で直すよう心がけ、立場に応じた役割をしっかり認識できるよう、自ら注意するとともに、必要な場合はお互いにアドバイスをし合いながら、良い人間関係を築いていくことが大切である。

⑤ 「報・連・相」以外の職場のコミュニケーション

代表的な職場のコミュニケーションとして、すぐに思い浮かぶのが「報・連・相」である。あたかも「報・連・相」が、コミュニケーションのすべてであるかのごとく解説している書物も多い。確かに部下にコミュニケーションの大切さを指導する際、その主役は「報・連・相」である。

しかし、「報・連・相」以外にも、様々な形態のコミュニケーションが職場では交わされている。「質問」をはじめ、「指示や命令」・「励ましや叱咤激励」、さらには「言葉（＝バーバル）」によらない、「ジェスチャー・ボディアクション・態度」といった「非言語（＝ノンバーバル）」も含めると、コミュニケーションの形態は無数にある。

管理者は、これらも含めたすべてのコミュニケーションを視野に入れて、その実態をよく観察し、改善に努めることが肝要である。

次は、管理者に知っておいてほしい、職場内外におけるコミュニケーション上の課題と対策について、事例を交え検討を加えていく。

第5章 職場のコミュニケーション

２．職場でのコミュニケーション事例

(1) 各種経営情報・営業情報を部下に迅速に伝達する仕組み作り

　経営環境が激しく揺れ動く現在、営業方針の変更や新たな商品やアイデアの開発・新たな営業施策の具体化は頻繁に行われる。それだけに、これら仕事に欠かせない情報を末端の部下にまで迅速に伝え、浸透させる仕組み作りが欠かせない。

＜事例５－１＞……………………………………………………………
井上さん：「岩田代理、この営業事例集ってなんですか？」
岩田代理：「ああ、本部から送られた預かり資産関連の営業事例集だよ」
井上さん：「だったら、早く回覧するなり勉強会を開催してくださいよ」
岩田代理：「いやいや、当店の今月のテーマは、年金振込先の獲得だ。来月
　　　　　には、預かり資産の営業に取りかかるから、その時に回覧するよ」
井上さん：「岩田代理、それでは困ります。私がまわっているお客様の中
　　　　　には、年金保険や信託を今ご契約されたい方もいらっしゃるのです
　　　　　よ！」
……………………………………………………………………………

　店長会議をはじめ、本部主催の各種会議・部店役席会議などで話し合われた事柄や、本部から届く通達類のうち、部下に伝えるべき決定事項や報告事項などを１ヵ月分、月次の店内会議でまとめて連絡・確認するケースが多いようである。しかし、それでは遅い。ましてや、報告書や議事録にして回覧するだけでは、その真意は部下に伝わらない。
　本部経営陣や部店長の考え方・方針が組織の末端まで正確かつ迅速に伝わる、開かれた職場風土を管理者自らの手で作るべきである。具体的には、少なくとも週次で、部員全員が落ち着いてミーティングできる場を設け、上司である管理者から、口頭によるポイント解説を行うことをルール化するとよい。時に、自分自身の地位保身のためか、伝えるべき情報を小出しにして、

自らの存在感をアピールしようとする困った管理者が出現するが、これは論外である。

(2) 上司から部下に発する指示・命令の最適化

　先に述べたとおり、部下から上司に発せられる「報・連・相」については、コミュニケーションの重要事項として、職場において様々な指導がなされている。
　それでは、上司から部下に発せられる「指示・命令」の内容やタイミングは、的確に行われているだろうか。

<事例5-2>..
西川代理：「吉川さん、明日までにこの融資案件の稟議書を仕上げてください」
吉川さん：「はーい、わかりました」
<翌日の昼前>
西川代理：「吉川さん、例の融資稟議書、まだかね？」
吉川さん：「はい、今やってます。今日中にはお出しできます」
西川代理：「おいおい、吉川さん、それはないだろう。今日までにって、昨日言っておいたはずだよ」
吉川さん：「ですから、今日中にはお出しします。」
西川代理：「いやいや、支店長は午後から出かけて、そのまま帰ってこないんだよ、至急出してよ」
吉川さん：「代理さん。それは無理ですよ！」
....

　この事例にあるように、期限の曖昧な指示や、指示のない事柄の未実行を理由に部下が評価を下げられるケースが、実に多く見られる。また、転勤や係替えで新しく赴任してきた担当者が、管理者からの指示がないままに前任者からの引き継ぎだけで、いつの間にか一人前の仕事をしているといった例も、あちらこちらで見られる。日本人独特の気遣い・心配りの精神が、管理

第5章　職場のコミュニケーション

者が行うべき指示という本来の仕事をカバーしてしまっている格好だが、これでは組織に緊張感は生まれない。

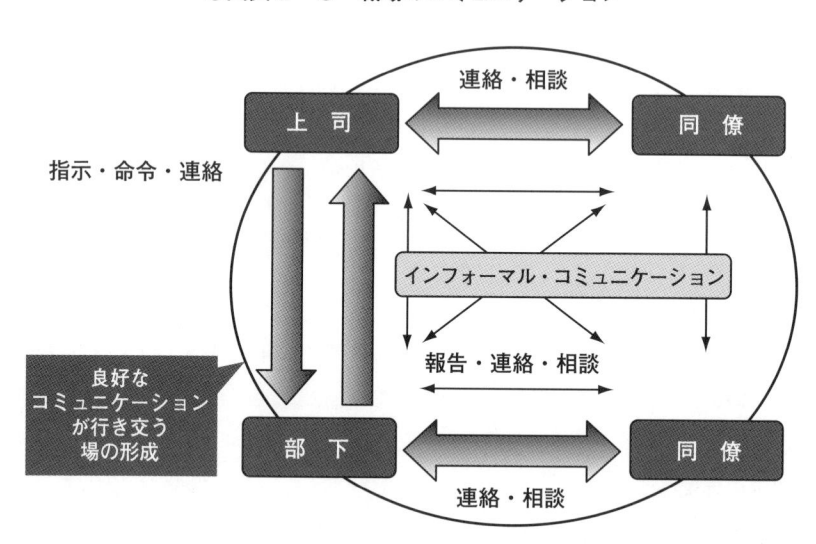

●図表５－３　職場のコミュニケーション

```
          連絡・相談
    上司 ⇔         ⇔ 同僚
指示・命令・連絡
            インフォーマル・コミュニケーション
良好な
コミュニケーション
が行き交う
場の形成
            報告・連絡・相談
    部下 ⇔         ⇔ 同僚
          連絡・相談
```

　指示・命令が曖昧なのは日本特有の慣習のようであるが、スピードが求められる現在の職場において、これでは不十分であり、通用しない。新任部下を迎えた際に、上司が任せる仕事の中身や期待する役割をしっかり指示したならば、これまで以上に生産性の高い仕事の引き継ぎができるだろうと誰もが考えるはずだ。
　上司からの指示の不徹底が、部下の仕事の遅れや目標未達を招いていないかのチェックは、管理者自らが行う以外にない。今一度、管理者が発するコミュニケーションの実態を、自らに厳しい姿勢で見直してみよう。
　仕事の目標そのものを指示する以外に、「指示・命令」の中身には、次のようなものがある。

① 職場での個々の担当者の役割を明示する。
② 仕事の達成に向けた年間計画を立て、スケジュール化する。
③ 個別面談の席上、部下の改善すべき課題を指摘する。
④ 朝礼の際、1日のスケジュールを指示する。
⑤ 重要な仕事について、優先順位を伝える。
⑥ 個別の仕事ごとに、期限を指示し徹底する。
⑦ 初心者に仕事のやり方を指導し、時に上司がやってみせる。
⑧ 部下に仕事の進捗状況を報告させ、内容をチェックする。
⑨ 部下の好ましからざる態度や服装を注意する。

　これらの項目のうち、最初の3項目は、すべての部下に対して四半期に1度など、定期的に指示するべき事柄であろう。④以降は、担当者の仕事に対する熟練度や、やる気によって指示する内容や頻度に工夫が必要である。
　新人や初めての職務に就いた新任の部下には、1つひとつ手に取るように細かく指示すると同時に、当分の間はその結果をフォローするのが妥当であろう。一方、豊富な経験のある部下に対しては、ポイントのみを指示し、本人に創意工夫のできる裁量権を持たせたほうが、やる気を引き出すことができるであろう。
　中には、管理者以上にベテランで、仕事に精通している部下もいる。熟達した部下には、自由裁量の範囲をさらに広げ、放任に近い状態で仕事を任せたほうが効果的な場合もある。ただし、この場合には気の緩みが生じないよう、より高いレベルの目標を与え、管理者と共に部門業績向上の立役者になってもらうように導くことが有効である。

(3) 「命令一元化の原則」と報告義務

　「命令一元化の原則（＝ワンマン・ワンボスの原則）」は、組織の基本原則としてあまりにも有名である。「職場では、一人の部下に複数の上司がいると矛盾した命令が発せられる可能性がある。したがって、仕事を指示する上司は一人でなければならない。仕事は、直属の上司の指示に基づいて行うものである」という原則が、「命令一元化の原則」の骨子である。

第5章　職場のコミュニケーション

<事例5-3>..
村山代理：「広瀬君、忙しいところ悪いけれど、この資金繰り表を、至急大山工業さんに届けて経理担当の木村さんに説明して、確認をとってきてくれないか」
広瀬君：「代理、すみません。それ、急ぎですか？　今、岸本さんに頼まれて、岸本さんの取引先の決算分析をしているのですが…」
村山代理：「そうか、それは後回ししてもなんとかなるだろう。大山工業さんの融資稟議書は、今日中には、本部に届けなければならないのだよ」
広瀬君：「わかりました。行ってきます」
大丈夫かなあ。岸本さん、急いでいたみたいだけれど…。
<その日の夕刻>
支店長：「岸本君、お客様の財務分析の結果はどうだ？　明日一番に訪問するが、このまま積極的に取引深耕して大丈夫か？　君の意見はどうだ？」
岸本君：「はい、支店長。広瀬君、財務分析した結果を持ってきて」
....

　この事例に見られるように、現実の職場では、必ずしも「命令一元化の原則」のとおりにならない。直属の上司以外にもお客様をはじめ、同僚・部下・他部署を含めた多くの方面から指示や依頼がある。しかし、今なおこの職場の実態にそぐわない「命令一元化の原則」は生きている。部下の行ったすべての仕事に対する責任は直属の上司が負うという観点からも、この原則を無視することはできないのである。

　例えば、あなたの部下が他の部門の上司から頼まれた仕事を行い、それがもとで事故やトラブルを起こした場合、その結果責任は、原則として仕事を頼んだ上司にあるとしても、遂行責任は直属の上司である管理者にかかってくる。これが職場の実態である。

　管理者は、直属の部下が抱えているすべての仕事に対して、責任を負う立場にある。この前提があるからこそ、管理者は担当する部門のすべての部下に対して自分の指示下に置く権限を有し、部下と一体となって部門目標の達成を目指す組織体制が維持されているのである。

したがって、上司は部下に対して抱えている仕事の種類や量・進捗状況を常に自分に報告するよう明言して、知っておく必要がある。また、第三者から仕事を頼まれ、それを受諾するかどうか判断に迷った場合には、上司である自分に相談することを厳命しておくべきである。それができて初めて、仕事の優先順位ややり方も含め、部下を指導したり関係者との調整を行うなど、上司として部門全体の仕事の管理を行うことができるのである。

(4) 「アクティブリスニング法」を活用する

　管理者の毎日は、ただでさえ忙しい。頭の中は山積する問題で一杯である。そんな中で、部下からふいに言葉をかけられると、ついつい「ちょっと、後にしてくれないか」と応じてしまいがちである。しかし、先にも述べたように、部下が上司に話しかける際には、それなりの覚悟をもって臨んでくるはずである。しっかり受け止めなければならない。

　このような場合の大変有効なコーチング話法に、「アクティブリスニング法」があるのでご紹介しよう。日本語では、「積極的傾聴法」という。

＜事例5－4＞……………………………………………………………………
竹内さん：「森川代理。ご相談したいことがあるんですが…」
森川代理：「どうした、竹内さん」
竹内さん：「実は、急で申し訳ないのですが、明日休暇をください」
森川代理：「そう、休暇を明日取りたいのだね。先週も休んだが、何か事情
　　　　　があるのかい？」
竹内さん：「いえ、ちょっと…」
森川代理：「話しづらいことでもあるのかな？　まあ、ここに座るといい」
竹内さん：「はい…。実は、先週から実家の父が家に来ているんです」
森川代理：「そう、お父さんが来ているんだね。それで？」
竹内さん：「はい、少し身体が悪くって、介護が必要なんです」
森川代理：「そうか、お身体が悪いんだね。それは大変だ。でも君も働いて
　　　　　いるし、一人じゃ介護は続けられないが…。困っているんだね」

竹内さん：「はい。でも近所に親戚もいるし、介護施設の利用も今、考えているので、しばらくしたら落ち着くと思います」
森川代理：「そう、どうやったらうまく介護が続けられるか、検討中なんだね。相談したいことができたら、何でも言っておいで。明日のことは了解したので、引き継ぎをしっかりして休んでください」
竹内さん：「はい、森川代理、ありがとうございます」

　この事例にあるように、聴き手側が、話し手側の話す内容をそのまま受け止め、一生懸命に聴いていることを言葉や動作で表現することにより、話し手の気持ちをもっと話したいという思いにさせるコミュニケーション技法が「アクティブリスニング法」である。
　具体的な聴き手側の手順と留意事項は、次のとおりである。

・相手の話した内容を、そのまま受け止める（受容する）。
　　聴き手側は、話し手から聴いた内容に対して、その場で意見や批判は一切言わない。
・聴いているときは、相手の話に集中して受け止めて聴いていることを、全身で表現する。
　　話し手に対して視線を向け、身体の向きは正面あるいは斜め横にする。
　　相槌などを打つと、さらに効果的である。
・話してから聴いた内容を、自分の言葉に直して復唱する。
・復唱している間に、話の内容を更に掘り下げる次の質問を考えて、質問する。
　　「いつ、どこで、なにを……」等、話し手がさらに詳しく話したくなるよう、話しの内容を深く掘り下げる。
　　５Ｗ３Ｈを活用すると、質問を思い浮かべやすい。
　　具体的な質問の方が相手にとって楽だろうと思い、イエス・ノーで答えられる質問をすると、かえって話が途切れてしまう。
・聴き手の質問への話し手の回答に対してさらに聴き手が質問を繰り返すことで、話の内容は一層深められる。

　筆者は、研修の場でアクティブリスニング法のロールプレイングを実施することがあるが、間違いなく盛り上がる。話し手の話を自分の言葉で復唱し

ようとすると、聴き手側の態度に、おのずから真剣に聴く姿勢や表情が現われ、話し手は、話すこと自体が楽しくなるようである。

このアクティブリスニング法による傾聴スキルが身に付くと、部下からは、「悩みごとなど何でも相談しやすい話せる上司」という評価を得られるだろう。

なお、部下とのコミュニケーションだけではなく、お客様企業の経営者などと面談した際にもこのアクティブリスニング法を活用すると、事業内容や経営課題について、経営者などからより詳しく聴くことができるようになる。営業話法としても有効な話法である。

また、話す際には、「目線の高さを相手に合わせて話すと、心を通わせることができる」と言われる。職場で部下が上司に話しかける際の情景を思い浮かべてみよう。一般的には、座っている上司の正面または横に部下が立つ。このとき、物理的には部下が上司を見下ろす位置関係となる。すると上司は、人間の本能として精神的な圧迫感を感じる。そこで上司には、自然と防衛本能が生まれ、口調は無意識のうちに威圧的な物腰となる。部下と穏やかに会話を続けることが難しくなるのである。

したがって、その場合の解決策として、部下から相談があった際には、目線が同等になる簡易応接などへ席を移して話を聴くか、それができない場合は、折りたたみ椅子を用意しておき、部下を座らせて同等の目線で話を聴くように工夫するとよい。管理者が立って、部下と目線を合わせてもよい。自然と親身な会話ができるはずである。

(5) 係間の情報の共有化を迅速かつ確実に行う

係間には目に見えない組織の壁が存在する。それを乗り越えて心のかようコミュニケーションを交わすには、細心の注意が必要である。

＜事例5－5＞
＜金曜日＞
秋山さん（テラー）：「浅田代理、今、笠井物産さんの経理の方が来られて、

第5章　職場のコミュニケーション

　　　　駅前商店街が主催するゴルフ大会の件を話しておられました。あさって日曜日だそうです」
浅田代理：「そうか。メモを営業の植松代理に回しておいてください」
秋山さん：「はい」
＜月曜日＞
支店長　　：「浅田代理、駅前商店街のゴルフの件、聞いていたかね？」
浅田代理：「ええ、植松代理に伝えたはずですが…」
支店長　　：「"はず"は、ないだろう！　今、笠井物産さんに伺ったら、社長から『隣の信用金庫さんは賞品を出してくれたのに、おたくは渋いですな』って言われてしまったぞ」
浅田代理：「秋山さん、ちょっと。ゴルフの件、植松代理に伝えただろう」
秋山さん：「はい。植松代理の机の上に、メモを置いておきましたけど…」

　自動車教習所の授業で、「〜だろう運転、事故のもと」という標語がある。信号が黄色になった際、前の車は交差点を走り抜けるだろうと思い、後続車が一緒に交差点を渡ろうとアクセルを踏んだところ、前の車が急ブレーキを踏み、追突事故となる。交差点で起きがちな事故である。
　これと似たケースが、上記の事例である。メモを渡して読んでくれたと思い込んでいたのに、置いたメモが行方不明。取り返しのつかない事態となって、初めて事実関係がわかる。
　原因は確認不足にある。部門をまたぐ情報連絡では、部門長である管理者に情報をコントロールする責任があるのが基本原則である。したがって、部門間の情報のやりとりは、管理者自身が行うのが大原則である。上司に代わって部下にやらせる場合には、必ず結果報告をさせ、「いつ・誰に・どのように伝えたか」の確認をすることが必須である。
　この事例は、お客様に関する情報で、しかも対応時刻が迫った案件である。浅田代理が、植松代理への連絡を部下の秋山さんに指示したことはよいとしても、連絡が確かに植松代理に伝わったかどうかの確認を、金曜日のうちに浅田代理本人から植松代理に行う慎重さが必要であった。

3．お客様とのコミュニケーション事例

　金融業は、もとよりサービス業である。お客様への好感度あふれる接客コミュニケーションは、できて当然である。ところが最近、多くの金融機関から、若年層を中心にお客様との会話がうまくできないという、声が上がっている。

　この背景には、単なる技術論では語ることのできない多くの課題が山積しているものと思われる。

　意識改革と同時に、接客話法や折衝コミュニケーションの教育を態度教育の一環として捉え、形から入り鍛えることも効果の上がる教育法として有効である。ここではいくつかの事例をもとに、お客様とのコミュニケーション上の問題点と改善策を検討していくこととしよう。

(1)　自金融機関や営業担当者本人の自己紹介

　初回訪問での印象は会ってから3分で決まる、と言われる。管理者は部下がお客様先を訪問した際、自分の金融機関や自分自身をどう自己紹介しているか、ご存じだろうか。

＜事例5－6＞……………………………………………………………………
原君：「おはようございます。経法銀行です」
社長：「経法銀行さん、めずらしいね」
原君：「はい、山の手支店の原と申します」
社長：「で、今日は何？」
原君：「はい、今この近くまで来たものですから、お寄りしました。是非、当行と取引してください」
社長：「熱心だね。また機会があったら、その時は頼むよ」
原君：「社長さんですね。うれしいな。今がその機会だと思って、とりあえず普通預金の口座を作ってください。お願いします」

第5章　職場のコミュニケーション

社長：「おいおい、これはまいったな。君、それで営業勤まるの？」

　一般に法人企業は、2〜4の金融機関と取引をしている。個人の場合でも、複数の預貯金口座を持っている家庭が多い。その状況下でさらに取引金融機関を増やすことは、常識的には考えづらい。

　法人企業の場合は、「いざという場合にお世話になるかもしれない」という思いが常にある。そこで金融機関の営業担当者が訪問してきた際、悪い顔は見せないものである。しかし、実際に取引金融機関が増えると、口座管理が大変になるうえ、複数の営業担当者への対応に時間をとられる。そこで必要以上の金融機関取引を増やしたくないのが、通常のお客様の本音である。このような中で新規開拓先の獲得を目指すからには、初回訪問に向けて、相応の準備が必要なのは当然である。

　サービス業は、お客様と直に接しているときに、すべてを評価される。しかし、実際には、部下がお客様を訪問した際にどんな会話をしているかを観察することはできない。帯同訪問をして、部下を指導する機会は限られている。基本的にはすべてを部下に任せざるを得ない。

　そこで、部下がお客様と接したときに、どのような会話を交わし、自金融機関や自分自身をどのようにアピールしたらよいのかを事前に指導しておくことが必要である。

　朝礼などの機会に1〜2分の制限時間を設け、部下一人ひとりに順次、初対面のお客様に自金融機関や自店・本人をアピールするロールプレイングを行ってみると状況がよくわかる。

　自金融機関を紹介する方法には、いろいろあってよいと思う。しかし、簡潔に話すやり方として、企業の骨格を端的に表す以下の4項目を織り交ぜて話すと説得力が生まれる。ロールプレイングの際、自金融機関や自店を紹介するヒントとして利用するとよい。

・当金融機関・支店の経営理念・事業方針

・当金融機関・支店のターゲットとして取引しているお客様
・当金融機関・支店がお客様に提供できる付加価値やサービス
・上記を実現するため、他にない当金融機関・営業店がもつ強み

(2) お客様の声を経営に活かす仕組み作り

　すべての金融機関で、顧客第一主義を標榜した様々な活動を展開している。アンケートをはじめ営業担当者やテラーの営業日報、そして覆面店頭調査などで、お客様の声を収集し様々な改善に役立てようと努力している。

＜事例５－７＞
支店長：「最近、店頭でのお客様の待ち時間が、短くなっているようだね」
赤塚代理：「そうですか。それはありがとうございます。先月からテラーと後方グループが一緒になって、繁忙時の応援体制を話し合い、新しいことを始めました。その成果かもしれません」
支店長：「そうですか。どんな工夫をしているのかな？」
赤塚代理：「店頭の待ち人数表示が８人を超えると、自主的に後方グループから応援テラーを一人出すようにしているんです」
支店長：「そう。それは誰が言い出したの？　君のアイデアかい？」
赤塚代理：「いえ、後方グループの石田さんが提案してくれたんです」
支店長：「へえー。石田さん、どうしてそんなこと思いついたのかな？」
赤塚代理：「どうも、学校時代の友人に、『あなたの店は待ち時間が長いのね』って言われたみたいです。彼女、ショックだったようで、それで、何か自分でできることはないかと、考えたそうです」
支店長：「そうかい。石田さんは仕事熱心だとは思っていたが。ありがたいね。周りの後輩にも、よい刺激になるね」

　ところで、アンケートなどで集めたお客様の声は、その後どう分析し接客改善に活かしているだろうか。回収したアンケート用紙を、その後分析せずに破棄したり、綴って保管するだけといった結果になっていないだろうか。

実際は「お客様の声を聞いていますよ」というパフォーマンスだけが独り歩きしている、ひどいケースもあると聞く。

一方、営業担当者の営業日報の冒頭に、「今日、お客様に喜ばれた活動を記入しましょう」という項目を設欄したことで、営業担当者が毎日、営業日報にお客様に喜ばれたことを書こうと努力を続け、その結果、高い好感度評価を受けている金融機関も存在する。また、外食チェーン店を全国展開している企業の中には、お客様アンケートをはがき形式にして本社にいる社長の手元に投函してもらい、受け取った社長がそのアンケートを持ってチェーン店を巡回し改善を継続した結果、長年にわたり成長を続けている企業もある。

アンケートや営業日報などに書かれたお客様の声の動向を、ミス・クレームや事故・トラブルの内容や発生頻度、あるいは感謝の書状やメールの受け取り件数などの項目に分けて時系列分析し、お客様満足度の動向や接客上の課題を「見える化」する仕組みができているかを確認しよう。そして、発見できた改善課題を1つひとつ地道に解決していく活動体制作りが、金融機関には不可欠である。

第3章でも触れたが、お客様満足活動は、「顧客満足度の向上→新たな感動の提供→ホスピタリティの実践」へと、進化を続けている。

●図表5-4　顧客満足から顧客感動、さらにホスピタリティへ

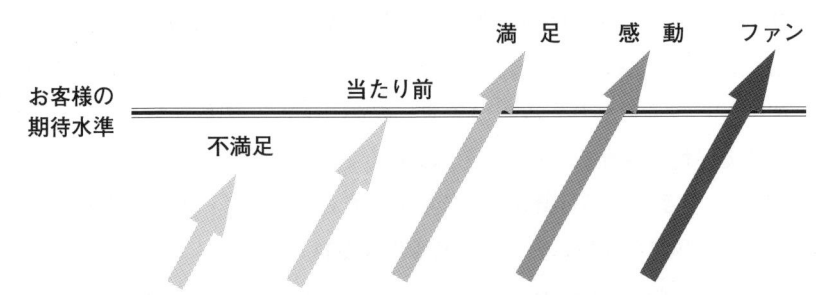

「ホスピタリティ」とは…、
　対価を期待せず、自らの意思で顧客への気遣い・心配りを行い、結果として顧客との信頼関係に裏打ちされた、気持ちの通い合い・響き合いを生む活動。
　喜んで歓待する心・誠意に基づく、個人それぞれが提供するマニュアルの域を超えた、高いレベルの心配り。ES（従業員満足）が前提にないとできない活動。

お客様は、あなたの職場の電話応対を、同業の金融機関の電話応対と比較しているのではない。有名ホテルのコンシェルジュが行う電話応対と比較しているのである。もはや、当たり前の接客水準でお客様の心を奪うことはできない。「これで満足」という限界はないと考え、常に一歩先を見据えた接客応対に傾注してほしい。

(3) 「仮説設定話法」による課題解決策の提案

　法人営業・個人営業を問わず、現在は「提案営業」の時代である。「お願い営業」は、すでに遠い昔の営業のはずである。ところが、金融界において、今でもお客様の事情を度外視したお願い営業を行っているケースが見受けられるのは、誠に残念である。

　次の2つの事例を比較検討しよう。

<事例5-8-1>..
服部君：「社長、御社の最近の業績は、どんな状況ですか？」
島田社長：「残念ながら、売上が前年に比べると落ち込んでいるよ」
服部君：「そうですか。皆さん頑張っていらっしゃいますのに。残念ですね」
島田社長：「ここまで景気が悪いんじゃ、仕方ないかな」
服部君：「社長、資金が必要なときは、いつでも言ってくださいね。御社の
　　　　融資枠は十分にありますから」
....

<事例5-8-2>..
鷲尾君：「社長、御社の最近の業績は、どんな状況ですか？」
島田社長：「残念ながら、売上が前年に比べると落ち込んでいるよ」
鷲尾君：「そうですか。出荷数は変わっていないように思いますが…」
島田社長：「そうだね。しかし単価の高い製品Aの販売先が一部、他社に奪
　　　　われてしまって、新規販売先の開拓が思うように進まないのだよ。現
　　　　状は、他の製品で数量だけはカバーしている状況だ」

鷲尾君：「そうですか。社長は今期、製品Aに期待していらっしゃいましたよね。さっそく本部に連絡して、ＳＰにご協力できないか検討してみます」

島田社長：「そうかい。それはありがたい、頼りにしているよ」

....

　法人企業や個人のお客様の成長・発展と共に歩む金融機関は、お客様との会話の中でお客様の課題を発見し、その課題解決に向けた様々な提案を行うことが営業の中心テーマとなるべきである。お客様サイドに立った課題解決に向けた取組みを考え提案する中から、前向きな資金需要は必ず発生する。強い信念をもって、課題発見・課題解決型の提案営業活動を行うことが重要である。

　そのためには、お客様の「ニーズ」や「ウォンツ」を的確に見抜くスキルが必要となる。

　現在の社会は、個人の場合、生活必需品が一通り揃っている。一方、法人企業の場合は、経営環境変化があまりにも激しいために、今、打つべき最優先課題が何であるかを経営者自身が決定できないケースが多く見受けられる。お客様に「今、あなたが必要なものは、何ですか？」と、ニーズやウォンツをお客様にダイレクトに聞いてみても、確たる答えが返ってこない時代なのだ。

　そこで金融機関側が、お客様との会話やご提出いただいた資料などからお客様の抱える課題を考え、仮説を立てて、お客様にその正否を質す問いかけを何度も繰り返す取組みが有効になる。

　説明した仮説から、お客様が自身の重要な課題を新たに発見することもあるだろう。立てた仮説が検討はずれであれば、お客様から反論されるかもしれない。しかし、その場合でもお客様企業の立場に立った会話であれば、お客様からは、ここまで当社（または自分）のことを考えてくれたかと、好印象を抱いていただけるはずである。経営課題についての仮説に基づく会話を繰り返すことによって、最終的にお客様自身に真の課題を気づいていただくのである。この営業トークを訓練することが提案営業を行ううえでとても有

効である。

　前掲の＜事例5－8－2＞では、売上不振を聴いた際、その原因を、数量減少と平均単価低下のどちらかにあると鷲尾君は考え、会話の中では、販売平均単価低下が売上高減少の主要因であろうという仮説を立て、社長に「出荷数は変わっていないように思いますが？」と、問いかけている。鷲尾君のその一言によって、社長は＜事例5－8－1＞の服部君の場合とは全く異なる返答を鷲尾君にしているのである。そして商売の現状を、より詳しく社長から聞くことができた結果、この会話のやり取りの中から、「新規販売先開拓という経営課題＝お客様の真のニーズ」が判明したのである。

　この話法を、「仮説設定話法」と呼ぶことにしよう。金融機関職員は金融のプロである。営業活動においては、財務や金融法務・税務・ＦＰなどの知識をフル動員し、お客様の抱える様々な課題について「仮説設定話法」を展開し、そこからお客様の抱える真のニーズを顕在化させ、解決策を導き出し、実り多い提案営業を実現していかなければならない。

(4)　金融機関内部の規則やルールをお客様に伝える方法

　我々は、時として、お客様の感情を無視して当方側に都合のよいように、事柄を強引に運ぼうとしてしまうことがある。たとえそれが理屈上正しいとしても、その場の状況を的確に判断したうえで、言葉を選んでコミュニケーションをしないと、思わぬトラブルを引き起こしてしまう。

＜事例5－9＞

高野さん：「岡山代理、お客様がローン申込書の日付訂正をやってくれないんです。代わって説明してください」

岡山代理：「どうしたんだ。日付の訂正印くらい、すぐにもらえるだろう！」

　岡山代理がお客様のところへ説明に行く。

岡山代理：「お客様、お手数ですが、このローン申込書の日付の訂正と訂正印をお願いしたいのですが」

お客様：「あら、先ほども担当の方に言ったんだけど、昨日家で書いたのだ

第5章 職場のコミュニケーション

から間違っていませんよ」
岡山代理：「いえ、お客様の記入日ではなくて、私どもが受け付けた日を記入していただく規則になっています」
お客様：「あらっ。私が記入した日だと、どうして悪いの？」
岡山代理：「はい、私どもが受付した日を明確にする規則になっています」
お客様：「それなら、"受付日"と書いておけばいいのに。これ"日付"としか、書いてないわよ」
岡山代理：「そうですね。でもこれは、ローンの申込書ですのでお申込みされた日付を記入する規則になっております。この日ですと日曜日なので、なおさら困るんです。規則に従って訂正して印を押してください」
お客様：「規則、規則って、何よ。私はわざわざ先週、仕事を休んで書き方を聞きに来たのよ。その時、教えてくれなかったじゃない。あなたの言い方じゃ、私の頭が悪いって言っているみたいだわね。絶対押しませんから！」
岡山代理：「それじゃあ、規則に反しますので、受付できないんです！」
三宅次長：「おいおい、岡山代理。何を言っているんだ。お客様、本当にご迷惑をおかけいたします。わざわざ、今日も仕事をお休みなさって、足をお運びくださったんでしょうね。本当にありがとうございます。手前どもの説明不足で、お客様にはお気の悪い思いをさせてしまい誠にすみません。ご自宅の新築、お楽しみでしょうね。それなのに、不作法な対応をしてしまいました。誠に申し訳ございません。お詫び申し上げます」
お客様：「そう。次長さんがそこまでおっしゃるならいいわ。これからは気をつけてくださいよ。どこに印を押せばいいの？」

……………………………………………………………………………………

　このような粗相を「代理クラスでやるか？」と思われるかもしれない。しかし、これはある金融機関での実話である。
　この事例の岡山代理は、金融機関側の規則を前面に出してお客様を言い負

かそうとしたことが、そもそも間違っている。最終的には、日付訂正と訂正印をお客様に気持ちよく押していただくことが大切である。理屈を並べ立ててお客様を論破しようとするようでは、あまりにも稚拙である。かえってお客様の反発を買うこととなってしまった。

来店されたお客様の心情をしっかりと受け止め、説明不足であった当方側の非を心から認め、最初に謝罪をしっかり行うことが重要である。そのうえでお客様に手を煩わせることによる迷惑を十分承知したうえで、訂正処理を丁寧にお願いすべきである。いかに規則上の正論と言えども、お客様の心を汲むことなく理屈だけで片付けようと考えるのは、見当違いであろう。

相手との信頼関係がなければ、人は依頼された事柄を素直に聴く気持ちにはなれない。トラブルに発展しそうな場合には、当方側に少しでも非のある部分はそれを素直に認めることが重要である。そのうえで、その場でのお客様の心情をしっかり受け止めて、相手の性格に合わせ、物事を前進させるための何らかの共通項を見出す努力をするのである。そして依頼すべき事柄を丁寧に説明し、結果として当初の目的を果たすことができるようお客様の心に寄り添い、会話の話題や展開に十分留意することが肝要である。

第6章
部下育成の進め方

　すべての金融機関が、最も重要な経営課題の1つに人材育成を掲げ、様々な努力を重ねている。しかし、人材育成は短期間では成果が出ない。長期間取り組んで、やっと結果が見えてくるものだ。それだけに、継続して取り組むには相当の覚悟が必要である。時として予算が大幅に削られてしまうこともある。人事教育担当者にとっては、頭の痛い問題であるが、将来を見据え、粘り強く努力を積み重ねるための組織的な活動が肝要である。

第6章　部下育成の進め方

1．部下育成を進めるにあたっての前提条件

(1) 職場に必要な部下育成のための3要素

一般に、人の育つ職場には、次の3つの要素が備わっていると考えられている。それぞれの中身を見ていこう。

```
≪人の育つ職場の3要素≫
① 人材育成担当者の存在
② 教育方針・システムの存在
③ 育成風土の存在
```

① 人材育成担当者の存在

本来、企業における人材育成の責任は、当人を雇用した経営者本人にある、という考え方がある。この考え方によると、管理者はその経営者の代行者として部下を教育することになる。その意味では、管理者は経営者から部下の育成を委嘱され、部下育成を遂行する責任を負っている。

一方、部下のスキル向上の必要性を最も感じているのは、直接の上司である。したがって、部下指導の責任者は直属の上司である管理者にあるという考え方である。これも一理ある。

さらに、人材育成を職場で最も効果的に行うことが可能なのは、指導される人の一番身近にいる先輩または同僚である。したがって、職場の仲間同士で教え合うのが筋である、と考えることも不可能ではない。

いずれにしても、人材育成を行うべき候補者は何人か思い浮かぶ。しかし、人材育成を担当する人が理屈上何人いたとしても、担当者がいるだけでは人材育成は進まない。指導すべき人が効果的・効率的に実践しない限り、育成指導者が存在するとは言い難い。人材育成担当者としての管理者の要件は、この後の(2)で詳しく検討しよう。

② 教育方針・システムの存在

　人材育成に熱心な企業は数多い。しかし、ある時経営者が突如思いつきで人材育成を始めようと考えて、人材育成に成功している他社のやり方を安易にまねると、必ず失敗する。職場環境は、それぞれ異なるうえ、育成する相手は、一人ひとり個性をもつ生身の人間である。新卒の行職員でも、すでに約20年の歳月をそれぞれ異なる環境下で成長してきた過程を経て、現在を迎えている。その人なりの思考回路や行動パターンがすでにでき上がっている。職場環境の違いやそこで働く行職員の特性を無視して第三者が都合のよいように、画一的に人材育成を行うことはできない。

　自金融機関が、どのような人材を必要としているのか、そして行職員をどのような手順と手法で育てていくのか、といった人材育成に関する基本方針と教育システムを明確にしたうえで、長い目で育成していく体制作りが不可欠である。

③ 育成風土の存在

　仮に、人材育成担当者がいて、教育方針やシステムが明確であっても、教育現場である職場に人を育てる風土がなければ、実際に人材育成活動を推進することはできない。職場全体が人材育成の重要性を十分認識していて、相互に連携し合ってその活動を支援し合える風土がなければ、人は育たない。育成風土の醸成には、経営者はもとより、組織の長である部長職や支店長職の人材育成に対する確固たる意志と理解が、風土形成上不可欠である。

(2) 部下を育成する管理者の3条件

　筆者はこれまで、20年以上にわたり、部下育成をテーマにした様々な研修を経験している。管理者を対象とした宿泊研修では、夜遅くまでかけて「部下をいかに育てるか」というテーマで、グループ討議を幾度となく行ってきた。

　このグループ討議では、部下を育成する管理者に必要な条件として、次のような項目が、必ずと言ってもよいほど提起され、議論される。

第6章　部下育成の進め方

> ・指導するやり方・手法を知っていること
> ・指導マニュアルが整備されていること
> ・指導する時間があること
> ・過去に部下を指導した経験があること　等々。

　特にグループ討議参加者からは、「指導する時間が足りないために、部下育成が思うように進まない」という声が多く聞かれる。

　しかし、グループでの議論を重ねるうちに、部下育成するうえで不可欠と思われる上記の各項目は、実際には必要条件ではないことに誰もが気づく。それは、過去に今の自分を育ててくれた何人かの上司の顔を思い浮かべるからである。特に自分の成長に大きな影響を与えてくれた上司や先輩の多くは、決して部下育成の時間が十分にあるような人ではなかった。どちらかというと、自分を育てくれた人ほど、皆忙しい人達であった、ということに気づくのである。完璧なマニュアルを見て、育ててくれたわけでもなかった。部下の育て方を勉強していたわりでもなく、ましてや始めから部下を指導・育成した経験を持つ人もいないはずである。

　そしてグループ討議では、「部下指導者に必要な管理者の条件」は、必ずと言ってよいほど次の3条件に集約されていく。

> ≪部下育成に必要な管理者の3条件≫
> 第1条件：部下を的確に理解している
> 第2条件：部下育成に熱意がある
> 第3条件：部下育成についての会社方針を理解している

　すなわち、部下を的確に理解したうえで、縁あって自分のもとで働くこととなった可愛い部下に立派に成長してほしいという熱い思いを持ち、どのように育てれば現在の会社で存在感を発揮できる人材となるだろうかと、常に考え指導する管理者こそが、部下育成には欠かせない人物像なのである。

それでは、この「部下育成に必要な管理者の３条件」を、詳しく見ていくこととしよう。

① 第１条件：部下を的確に理解している

「部下を理解する」といっても、職場における部下の言動を漠然と観察しているだけでは、部下を理解したことにはならず、人材育成には役立たない。次に挙げる「部下理解の３本柱」が、重要なキーワードとなる。

```
≪部下理解の３本柱≫
・部下の仕事・役割を理解している
・部下の仕事の進捗状況を理解している
・部下の性格を理解している
```

A．部下の仕事・役割を理解している

　仕事も役割も、本来その上司である管理者が指示するものであり、知っていて当たり前と考えがちである。しかし、＜事例２－10＞でも見たとおり、部下に仕事や役割を明確に伝えていない管理者が意外と多い。管理者が考えている部下の仕事や役割と、部下の考えている自分の仕事や役割との間に乖離のあることが、残念ながら多いのである。

　部下を理解する第一歩は、部下が今抱えている仕事をしっかりと把握すること、そして部下に対して管理者が期待している役割を語り、部下との間で共通認識を持つことである。

　部下にとっては、上司が自分自身に指示した仕事や役割を正しく認識していることが、仕事をするうえでの励みになるとともに、大きな安心感につながる。うまくいったときや失敗したときに、すぐに報告や相談ができ、上司からの様々な指導も受けやすい。

B．部下の仕事の進捗状況を理解している

　仕事が常に順調に進むという保証はない。管理者の知らないところで、部下は仕事の進め方や関係者への根回しで悩むなど、苦戦しているケース

は頻繁に起きている。

　管理者は、部下の職場での動きや発言、机上の整理具合などを常に観察し、仕事の進捗状況の把握に努めることが重要である。仕事の進捗状況を把握していると、停滞やミス・トラブルが発生する前にアドバイスできる。また、複数の部下の間で仕事の密度に偏りがあった際は、仕事量の調整を行うことが可能となる。同時に、部下の強みや弱点も把握でき、ポイントを押さえた指導ができる。

Ｃ．部下の性格を理解している

　「三つ子の魂百までも」と言われるが、性格とは、誕生してからの長い期間をかけて身に付けてきた「考え方・感じ方など、人の内面が持つ、独特の性質」（第５章参照）である。

　自分の部下一人ひとりをよく観察すると、それぞれに性格が異なることに気づくであろう。考えた後でもなかなか行動に移さない部下と考える前に身体が動いてしまう部下、心の変化が顔の表情に表れやすい部下と顔の表情からは心の動きが読み取れない部下、机上の整理が常に行き届いている部下と乱雑な部下、同時に複数の仕事を抵抗感なく行うことができる部下と苦手な部下、少しの注意でも顔色を変え落ち込んでしまう部下と少々のことでは動じない部下等々、考え出すと実に人の性格は十人十色である。それぞれの性格が仕事に様々な影響を及ぼしている。

　したがって、部下育成を行う際に、部下一人ひとりの性格を把握しておくことは、管理者にとってきわめて重要な課題である。

② **第２条件：部下育成に熱意がある**

　第１章で述べたとおり、一般に職場では、管理者は勤務時間中に部下と実際に接する機会は想像以上に多い。職場を部下育成の場と考えると、部下と接しているすべての時間を部下育成にあてられる。

　反面、部下育成を念頭に置かずに仕事をしていると、いつまでたっても、「部下を育成する時間なんて作れない」で終わってしまう（もっとも、この場合でも管理者は背中で反面教師として部下を育成している）。

部下を育てたい、もっと成長してほしいと願う管理者の思いが、部下指導には欠かせない。その熱意が職場活動のあらゆる場面で、部下育成につながる言葉や行動となって現れるのである。

③　第3条件：部下育成についての会社方針を理解している

部下育成は、学校教育とは根本的に異なるところがある。それは、「全人格を鍛え磨くことが企業で行う社会人教育ではない」ということである。企業における教育の基本は、その企業の成長・発展に役立ち、さらに本人の職場生活が実り多いものとなるよう仕向けることにある。

たとえ、部下をよく理解していて育成に対する熱意があったとしても、育てる方向を誤ると、とんでもない部下が育ってしまう。

したがって、指導者である管理者には、自金融機関がどんな人材を必要としているのか、その教育方針をしっかり理解したうえで、部下がそのレール上で活躍できるよう導くことが求められている。

2．職場教育の全体像

(1)　職場教育で指導・育成すべき内容
①　ロバート・カッツの法則

ハーバード大学の教授であるロバート・カッツは、管理者に必要なスキルとして、「テクニカル・スキル」「ヒューマン・スキル」「コンセプチュアル・スキル」の3つのスキルを挙げている。

> ⓐテクニカル・スキル
> 　職務を遂行する際に必要となる業務処理に関するスキルで、知識や技能がテクニカル・スキルにあたる。
> ⓑヒューマン・スキル
> 　人間関係を管理するスキルで、相手を観察し最適なコミュニケーションを行い、相手や集団に働きかけ相互作用を起こしていくスキルを指す。対人関係能力がこのスキルに該当する。

ⓒコンセプチュアル・スキル
　コンセプトの活用形で示されたこのスキルは、周囲の状況を構造的・概念的に捉えて、その本質を見極めるスキルである。

●図表6－1　ロバート・カッツの法則

3つに大別される。トップにいくほど、ⓐのウエイトは下がる、ⓑのウエイトは変わらない、ⓒのウエイトが高くなる。

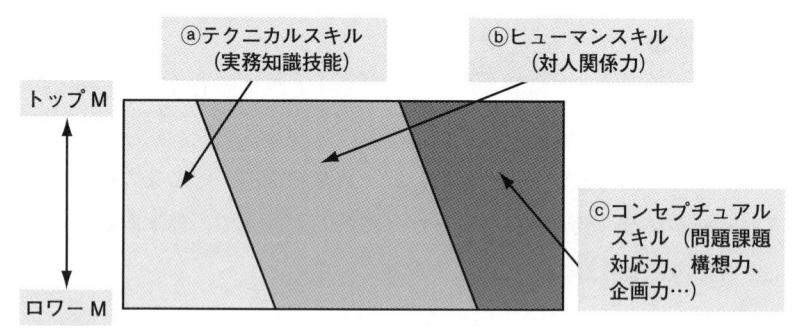

ⓐテクニカルスキル（実務知識技能）
ⓑヒューマンスキル（対人関係力）
ⓒコンセプチュアルスキル（問題課題対応力、構想力、企画力…）

トップM
ロワーM

　この3つのスキルは、下の階層のマネジャーほど、テクニカル・スキルが多くの比重を占め、上の階層になるにつれてコンセプチュアル・スキルの比重が増すと考えられている。また、ヒューマン・スキルは、どの階層でも同程度に重要なスキルとされる。
　この理論は、管理者が職場生活を送り成長していくうえでの必要な能力をわかりやすく説明しており、頭の片隅に入れておくとよいだろう。

② 部下に指導する内容
　部下に指導する内容は、管理者に必要とされる上記の3つのスキルと、勤務態度に関する教育が挙げられる。この態度教育を含めて指導すべきスキル項目を分類し直すと、次の5項目となる。

> ・知識
> ・技能
> ・態度
> ・対人関係能力
> ・総合的な問題発見・問題解決能力

　これら5つのスキルの内容と指導するうえでのポイントを見ていこう。

A．知識

　a．金融機関の行職員に必要な知識

　　知識の分野はきわめて幅広く、しかも時代とともに内容の多様化・複雑化が進み、しかも法改正などで変化を続けている。

　　そのうち、金融のプロとして活動するうえで必要とされる基本知識には、財務・税務・金融法務・外国為替・信託・証券・年金・保険などの分野が挙げられるであろう。

　　しかし、序章でも述べたように、金融機関に対しお客様が求めているものは、お客様企業の経営や個人生活の総合的な課題解決を支援する領域にまで広がっている。したがって、金融機関の行職員にとっては、上記の金融関連の知識以外にも、マクロ・ミクロの経済動向や国際政治経済社会・地域社会・経営・マーケティングに関する分野を含め、一般常識といわれるあらゆる分野に関する知識が、営業活動を推進するうえで必要となっている。

　b．知識教育の進め方

　　人事部の教育担当部門では、財務や金融法務・税務・信託・証券などの基礎知識を入社後早いうちに習得すべく、様々な教育プログラムを用意している。また、専門分野に関する教育は、主に本部の各専門部が中心となって、行職員のレベル向上を目指した集合研修などを、必要に応じて開催している。

　　しかし、お客様のニーズに十分応えられるだけの教育を本部主導ですべて行うことは不可能である。金融を取り巻く周辺分野の知識教育は、

一部の集合研修を除き、ほとんどを自己啓発に委ねざるを得ないのが実状である。

　社会人の知識習得のポイントを一言で言えば、「早い者勝ち」に尽きる。我々は学生時代、学ぶべき内容が学年ごとに定まった教育体系のもと、落ちこぼれが出ないよう配慮されながら全員が同じ速度で護送船団方式の教育を受けてきた。

　ところが、社会人教育はその手法が一変する。知識教育には、定まったスケジュールはない。マスターした時点から、その知識を仕事に活かすことができる。例えば、財務知識を20代で習得できれば、その後退職するまでの30年余りの期間、その知識を仕事で活用できる。一方、40代になってやっと財務知識を習得できた者は、仕事で活用できる期間が10年前後と短期間になってしまう。

　したがって、職場で必要な知識は、可及的速やかに習得することに尽きる。「20代のうちは修行期間」と自覚して自助努力するよう、管理者は部下にしっかり指導することが肝要である。

　通信教育や各種研修・資格検定試験受験など、学ぶ機会を数々提供し、行職員の知識習得を支援している金融機関は多い。しかし、知識習得状況のフォローまで十分に行っている金融機関は少ない。したがって、実務上必要な知識は、与えられた教育機会を受け身の姿勢で利用するだけでは不十分であることを部下にしっかり伝え、休日等を使った自己啓発を自発的に行うよう厳しく指導することが本人のためになる。

B．技能

a．技能スキルとは

　仕事の進め方・やり方についての技法やノウハウを総称して技能と呼ぶ。多額のシステム投資がなされている金融業界においては、コンピュータ機器類や各種ソフトウエアの活用スキルが典型的な技能スキルである。また、規程や手続きに基づく、あらゆる仕事の正確かつ迅速な処理技術も重要な技能スキルといえよう。その他に、営業担当者やテラーのお客様に対する接客スキルの中には、後で述べる対人関係スキル

とともに技能スキルが含まれている。

　これらのスキル内容については、その多くが規程・手続きや各種マニュアル類の中で文章化されて解説されている。これらは、法律も強く意識したうえで記述されており、決しておろそかにすることはできない。

b．技能教育の進め方

　これら各種技能のうち、システム関連の技能については、本部でのオペレーション研修が盛んに行われている。その他の技能に関する指導は、上司や先輩・同僚からＯＪＴの中で行われ、身に付けていくのが一般的である。しかし、これだけでは体系的な理解が不可能となるために、規程・手続き類の内容を簡潔に解説したマニュアルを作成して、小説のように頭から順次読んで覚えさせる指導法を、特に若い行職員向けに採用している金融機関もある。

　以上のように、技能教育は様々な形態で行われているが、すべての教育がそうであるように、習得すべき本人が受け身であることを前提とした教育手法だけでは、十分なマスターはできない。したがって、職場で問題にぶつかった際に、部下本人がその必要性を強く意識して、規程・手続き・マニュアル類に書かれた問題の部分を何度でも読み返し確認する習慣をつけさせ、仕事で使う各種技能を習得させる指導が重要となる。管理者は、規程・手続き類をいつでも閲覧できるように職場環境を整備しておくとともに、部下には事あるごとにそれらを見て確認するよう、声かけを行うことが重要になる。若手行職員には、管理者自らが手続き類を取り出し、解説してある場所を指さしながら、その見方を指導するところから始める丁寧さが必要である。

　なお、手続き化されていない技能や職場ルールを共有化するために、自家製のマニュアルを作るケースも多く見受けられる。この活動自体は大変すばらしいことである。しかし、作った本人以外の者が、自家製のマニュアルをその後読み返すことは、引き継ぎ時以外にあまり発生しないと考えるのが常識的である。それよりも作る本人への育成手段の１つとして、マニュアル作成を部下に勧めるのが的確な指導法であろう。マ

ニュアルの作成過程を通して、仕事上必要な技能や職場のルールを正しく学習することができるのである。

C．態度教育
　a．態度教育とは

仕事を進めるうえでの行動規範を教育することを、態度教育という。具体的に指導する内容には、以下のものがある。

> ○規律性（＝職場の規則やマナー・エチケットを守ること）
> ○責任性（＝期待されている役割を果たすこと）
> ○積極性（＝自分自身の仕事の改善や変革活動）
> ○協調性（＝チームワーク力の発揮、強化）

以上の4点が代表的な態度教育の中身で、人事考課では「情意」という概念で総称される。

これらは、若いうちに修得するものと一般には考えられており、先に示した管理者に必要なスキルを体系的に示したロバーツ・カッツの法則には登場してこない。若手の行職員を教育する際に、最も神経を使う育成項目の1つである。

ところで図表6-2にあるとおり、経済産業省は、2006年より「社会人基礎力」として、「前に踏み出す力」、「考え抜く力」、「チームで働く力」の3つの能力を、「職場や地域社会で多様な人々と仕事をしていくために必要な基礎的な力」として、その強化の重要性を提唱している。

この3つの力は、「態度教育」と、後述する「対人関係能力」・「総合的な問題発見・問題解決能力」を、現代社会における様々な要請を強く意識したうえで再整理して、「社会人基礎力」として公表したものと考えることができよう。

　b．態度教育の進め方

態度教育のポイントは、以下の3点である。
・気づいたその場で注意する。時間が経った後で、目に付いた態度を直

2．職場教育の全体像

●図表6－2　社会人基礎力

＜3つの能力／12の能力要素＞

前に踏み出す力（アクション）
～一歩前に踏み出し、失敗しても粘り強く取り組む力～

- 主体性：物事に進んで取り組む力
- 働きかけ力：他人に働きかけ巻き込む力
- 実行力：目的を設定し確実に行動する力

考え抜く力（シンキング）
～疑問を持ち、考え抜く力～

- 課題発見力：現状を分析し目的や課題を明らかにする力
- 計画力：課題の解決に向けたプロセスを明らかにし準備する力
- 創造力：新しい価値を生み出す力

前に踏み出す力（アクション）
～多様な人々とともに、目標に向けて協力する力～

- 発信力：自分意見をわかりやすく伝える力
- 傾聴力：相手の意見を丁寧に聴く力
- 柔軟性：意見の違いや立場の違いを理解する力
- 状況把握力：自分と周囲の人々や者五智の関係性を理解する力
- 規律性：社会のルールや人との約束を守る力
- ストレスコントロール力：ストレスの発生源に対応する力

（出所）経済産業省ホームページ

してやろうと指摘すると、かえって反発を招く。
・問題となる態度をあるがままに指摘し、本人に自分自身の問題を気づかせる。指導者の個人的な感想や感情を前面に出して叱ると、やはり反発を招く。
・態度は指導しても、性格に触れてはならない。努力しても矯正の難しい性格は、ありのままの姿で認める寛容さが指導者には必要である。性格を変えることはできなくても、態度は努力次第で変えることができる。管理者は自信を持って、態度教育を行うとよい。

D．対人関係能力

a．対人関係能力とは

　対人関係能力とは、人と接する際に起こる様々な障害を乗り越え、信頼関係を築くことにより、当初の目的を達成することができる能力である。代表的なものに、表現力、折衝力、傾聴力、説得力、リーダーシップ能力などが挙げられる。

　金融業は、本来サービス業である。好感度ある行職員の育成は、避けて通ることのできない重要課題のはずである。まして序章でも述べたよ

第6章　部下育成の進め方

うに、金融機関のビジネスモデルは、現在大きな曲り角にきている。若い担当者といえども、企業経営者と対等に企業経営について論じ合い、経営課題に対する的確なソリューションを提供することが必要な時代となっている。対人関係能力強化の教育は、現状のまま放置しておくことのできない、重要な経営課題と考えるべきであろう。

b．対人関係能力の強化法

　各金融機関では、この分野の代表的な教育法として、テラーを対象とした接遇研修が頻繁に開催されている。なかでも、模範的な接客応対の話法や表情・手順を若手の担当者が自ら作成・演出して発表するテラーコンクールは、優れた教育手法である。

　しかし金融業界では、上記以外に対人関係能力についての体系化・組織化された教育は、残念なことにほとんど行われていないように思われる。その原因としては、世間一般と比較して質の高い人材を確保することができてきたために、自己研鑽により一定レベルの習得が可能であったことに加え、お客様から寄せられる信頼感に甘えて、行職員の対人関係能力強化への取組みを放置してきた面もあると考えられる。そのツケがここにきて顕在化し、若手行職員を中心に、対人関係能力の弱体化が指摘されるようになったのではないだろうか。

　対人関係能力は、耳学問で人から教わった知識として学ぶだけでは使い物にならない。実際の経験を通じて、自分自身の対人関係能力の特色や弱点を体感できたときに、初めて進歩への階段が見えてくる。営業現場におけるＯＪＴによる教育が最も有効であろう。様々な機会を与えるとともに、態度教育同様、管理者は気づいた時点で、的確な注意やアドバイスをすることが大切である。

　なお、職場内でも、対人関係能力強化の訓練を行う機会を作ることは可能である。例えば、お客様への挨拶では、お決まりの慣用句に一言加えることが重要であるが、これを訓練するには、朝の挨拶の際に指導するのがよいであろう。例えば、朝礼の挨拶を「おはようございます」だけで終わるのではなく、「おはようございます、今日は朝から暑いです

ね」など一言付け加えて話す挨拶を、毎朝一人ずつやらせるロールプレイングは有効である。その際には、話し方だけではなく、顔の表情などのチェックも同時に行いたい。

　また、お客様との基本的な会話能力を付ける際は、
　・「傾聴力の強化」
　・「語尾までしっかり話す習慣をつける」
の2点に集中して指導すると効果が現れやすい。

　「傾聴力の強化」は、先に述べたアクティブリスニング法による訓練がよい。また、「語尾までしっかり話す習慣をつける」は、上司が気づいたときに繰り返し注意し、言い直しさせるだけでよい。部下の対人関係能力は相当アップするはずである。

　ところで、部下の会話能力を育成する際には、管理者自身の意識も変えることが重要である。ともすれば「お互いに生きた時代が違う」という思いが先行してしまい、「若手行職員と心を開いた会話は基本的に無理だ」と考えがちである。

　しかし、部下一人ひとりを観察すると、気さくに上司に声をかけてくる部下もいるはずである。好奇心を持って一途に自分の信じる道を切り拓こうと、誰に対してでも積極的に問いかけを繰り返し、地道に努力を重ねている若者も多い。職場活動においては、世代による意識の違いは基本的にないと心得ておくほうがむしろ正しい。

　また一方で、職場においては管理者と担当者との間では立場が本来違うにもかかわらず、学生時代の友達同様の人間関係を作ろうという無理な期待感を管理者も部下も抱いてはいないだろうか。職場での大人同士の人間関係は、学生時代のそれとは全く別物なのである。生まれ育った環境の違いや職場における立場の違いを冷静に受け止め、お互いにその違いを認め合ったうえで、肩肘を張ることなくお互いの心の動きを推し量りながら、対人関係能力向上に向けた教育を地道に行うことが正解であろう。

E．総合的な問題発見・問題解決能力
　a．総合的な問題発見・問題解決能力とは
　　「総合的な問題発見・問題解決能力」とは、カッツの法則のコンセプチュアル・スキルを、筆者なりに解釈して付けたスキル名である。
　　このスキルは、経営環境を大括りして捉えるとともに時代の流れを読み説き、その中から経営上の課題や問題点を把握するまでの能力と、それらの課題や問題点を解決するまでの能力に分けて考えることができる。
　　前者は、理想像を描く能力、洞察力、現状分析能力、問題発見能力、課題設定能力などに分解できるであろう。そして後者は、企画力、決断力、行動力、バランス感覚などに分解されるであろう。また、判断力は両方に共通して必要とされる能力である。
　　いずれにしても、総合的な問題発見・問題解決能力は、きわめて幅が広く、奥が深い。
　b．総合的な問題発見・問題解決能力の指導法
　　この分野の能力開発は、ロジカルシンキングなどの書物を読んで論理的な思考法を学習させることが大切である。同時に様々な体験を通じた気づきの教育を行うことも重要である。
　　社内での各種行事・プロジェクトの企画開催を担当させることが、職場での典型的な教育手法である。さらに、身近な指導方法には、全部店朝礼や会議の司会（進行役）を担当させる方法がある。朝礼の司会の場合、その役割は単に朝礼の進行役というだけではない。朝の限られた時間内に、発表順に気づかいながら必要な情報交換や連絡のすべてをスムーズに運営することが司会者の役割である。そのためには、話す人やその内容・話す順番・時間配分の事前根回しや、朝礼の際に全員が集中するためのアイスブレイク話題の提供など、充実した朝礼にするための準備事項は実に多い。朝礼司会者にこれらの役割を十分認識させ、準備段階からしっかり体験させるだけでも、総合的な問題発見・問題解決能力を開発するよい訓練になるはずである。

③ 階層別に必要な能力と課題

これまで、部下育成にあたって指導すべきスキル項目とその具体的なやり方について解説してきた。ところが、社会人に必要なスキルは、ロバート・カッツの法則でも見たように、キャリアを重ねるうちに変化していくものだ。

ここでは、新入行職員から経営幹部に至るまでの各階層で、社会人のスキル要件がどのように変化していくのかを確認する。以下の解説により、管理者自身はもとより、部下一人ひとりの今後のキャリア開発での重点課題を考える際のヒントにしてほしい。

≪キャリアによって変化する必要スキル≫
A．新入行職員…社会人として生活するうえでの基礎をしっかり身に付けるとともに、職場で必要とされる業務上の基本知識・技能をマスターすべき時期
　社会人としての基本的要件（規律性、責任性）、仕事に対する改革姿勢（協調性、積極性）、社会人としての向上心（自己啓発、チャレンジ精神）、基本的な業務遂行能力（業務知識、基本的なコミュニケーション能力、文章および会話表現力、正確性）自己管理能力（スケジュール管理能力）など。
B．中堅行職員…自分自身の仕事遂行能力や課題を自覚したうえで、職場活動の先頭に立ち積極性を発揮し、様々な仕事や改善活動にチャレンジする時期
　業務改善能力（担当業務についての改善提案・立案能力、コスト意識と担当職務への反映、失敗に対する対応能力と再発防止行動）、自己認知能力（困難な課題へのチャレンジ精神、当事者意識）、仕事に対する理解力（複雑異例案件の理解、全社方針・上司指示に対する理解力）、表現力（顧客に対する臨機応変な折衝能力、組織決定事項に関する理解力・伝達力）、指導力（同僚・後輩に対するリーダーシップ能力・上司補佐能力）など。
C．初級管理者…小規模組織を統括し、部下を動機づけ、能力を最大限に引き出し、その部門の業績目標達成に向け組織力を結集して邁進するとともに、将来に向けた経営管理・リーダーシップ能力を身に付ける時期
　部下・後輩指導能力（会社方針に沿った動機づけ能力ほか）、目標管理能力（業務目標に対する強い達成意欲と着実なフォロー）、リーダーシップ能力（上司の期待する方向への取りまとめ能力）、部下・後輩へのOJT実践能力など。

第6章　部下育成の進め方

> Ｄ．中級管理者…ある程度の規模の組織を統括し、組織を計画的に運営・管理して業績目標の達成を図るとともに、部下の指導・育成を長期的な観点から行う。また、的確な人事評価を行い、企業経営を学び実践する時期
> 　部下管理・評価能力（評価基準の理解と客観的な評価能力）、計画的部下育成能力（育成企画、育成実践能力）、部門目標達成のための具体策策定能力（業務計画の作成・進捗管理、業務実行結果の的確な分析・評価能力）、問題解決能力（複雑案件に対する対応能力と使命感）、情報力（社内外とのネットワークを活用した情報収集・活用能力など）など。
> Ｅ．幹部社員…長期的観点で自社の経営を考え、戦略的発想に基づいて全社組織を導くとともに、業界内外の情報を収集し活用する
> 　総合的経営判断能力（経営計画策定能力、戦略的意思決定能力）、先見力（広い視野に立った課題設定）問題把握・解決能力など。

　初めて管理者となった際に必要となる能力とは、以上の中では、初級管理者レベルの職務を遂行できる能力ということになる。日常的な業務知識をもっているだけではなく、担当部門に任された業績目標の達成に向けリーダーシップを発揮して部下を巻き込んで取り組むとともに、部下のスキル向上に向けたＯＪＴ教育を率先して実施する能力が必要となる。

　また、管理者になるまでに習得しておくべきスキルで不足している部分がある場合には、その習熟を早急に図るとともに、将来、今より上位の職に就くであろうことを見越して、上位職に必要なスキルの習得に向けた自己啓発を今から進めていくことが望ましい。

３．職場教育の３つの柱

　職場教育の３つの柱とは、言うまでもなくＯＪＴ（＝On the job Training：現場教育）、Off-ＪＴ（＝Off the job Training：集合研修）、ＳＤ（＝Self Development：自己啓発）の３種類を指す。

　人材育成にあたっては、この３つの柱の最適な組み合わせを考え、進める工夫が必要である。ここでは、この３つの柱それぞれの特徴を確認し、最適な部下育成方法を検討していこう。

(1) ＯＪＴ（＝On the job Training：現場教育）

　部下教育の99％はＯＪＴにより行われると言われる。実際、自分自身が管理者になるまでに成長してきた経緯を振り返ると、ＯＪＴによる教育の重要性がわかるであろう。

①　ＯＪＴの特徴

　ＯＪＴの長所は、次の各点にある。
・現在抱えている仕事を指導するうえで、最適な方法である。
・各個人の特性に応じて、１対１の個別教育ができる。
・本人の力量・個性を最もよく知る上司や先輩が指導できる。
・指導する機会・学ぶ機会が無数にある。
　一方で、ＯＪＴには、次の弱点がある。
・キャリア開発を目指した長期的・体系的な教育には不向きである。
・職場の教育風土や指導者の熱意に負うところが大きい。

②　ＯＪＴの機会

　最近は人手不足のために、新入行職員といえども単独で仕事をする環境に置かれるケースが多く、そこに指導者側の余裕のなさも加わり、ＯＪＴを思うようにできないとの声が多く聞かれる。

　しかし、自分が反面教師となる場合も含めると、すべての職場活動の場を、ＯＪＴの場と考えることが可能である。部下は、上司をはじめとした職場の仲間の背中から多くの事柄を学び、指導を受けているのである。

　ちなみに、ある地域金融機関の支店長職に対し、融資営業人材の教育機会について筆者が尋ねたところ、次のような数々のＯＪＴ機会があるとの回答を得た。

第6章　部下育成の進め方

・帯同訪問を行い、指導する
・融資申込み受付時の協議会開催時の質疑を通じて指導する
・融資稟議書回付時に質問やアドバイスをする
・決算書類徴求時に決算書内容に関して質問する
・取引方針・融資方針を協議する際に意見を求め、指導する
・お客様訪問結果を聴取する際に情報交換やアドバイスをする
・営業日報提出時に取引先の業況などを質問する
・工場見学を励行させ、報告を求める
・不足している顧客情報を知らせ、訪問時に情報収集させる
・上司が顧客訪問したときに得た情報を担当者に提供する
・自分の失敗事例を話す

　職場を教育のための場と考えると、部下教育の機会や時間は無数にある。ぜひ、「管理者＝指導者」という意識で、常日頃から部下に接していただきたい。

③　互いに学び合う職場風土作り

　ＯＪＴは上司が部下に行うものである、という既定概念にとらわれる必要はない。実際、コンピュータ端末の操作方法を若い部下に教えてもらうことなどは、職場で頻繁に起きている。職場の仲間がそれぞれ教え合い、学び合う職場風土を作ることも、管理者の重要な役割であろう。

　担当者に仕事や役割を指示する際、主担当・副担当の双方を指名し、お互いに助け合う仕組みを作ると、ＯＪＴにより学び合う職場風土を醸成することができる。

　また、担当者の多能工化は掛け声だけでは延々として進まない。毎年のように担当替えやレイアウト変更を行い、部下の多能工化を図る環境を物理的に作り出し、その過程を通じてスキルの共有化を図っていくことは、仕事の平準化にも効果があるよい方法である。

(2) Off-JT（＝Off the job Training：集合研修）

　職場から離れた場所で集中的に行う人材開発・教育が、Off-JTである。金融機関では、新入社員教育や管理者登用前後に行われる管理者研修などの階層別研修のほか、テラーや営業・融資などの各職能別研修、システム研修などが、教育担当部門や本部専門部の主催で頻繁に開催されている。立派な研修施設を保有している金融機関も多い。

① Off-JTの特徴

Off-JTの長所は、次の各点にある。
・将来必要とされる種々な能力を事前に磨くのに最適である。
・立場の同じ人達が一同に集まるため、相互研鑽が図られる。
・集中指導による、体系的な教育が可能である。
一方で、Off-JTには、次の弱点がある。
・一律教育が中心で、研修参加者の個性やレベルに合ったきめ細かな教育としては不向きである。
・必要な教育機会を最適な時期に与えられるとは限らない。
・職場から離れるため、空理空論になる危険性がある。指導者の力量に左右されやすい。

② 知識習得型研修と気づきの研修

　集合研修は、大きく分けると、業務知識や技能を習得することを目的とした「知識習得型研修」と、受講生が将来担当するであろう職位や職務における立場や役割を理解するための階層別研修に代表される「気づきの研修」の2種類に大別される。
　知識習得型研修の留意事項は、その集合研修だけで知識習得ができると、早合点してしまわないことである。むしろ効率よく学習するヒントを与えてくれるきっかけ作りと考えた方が正解であろう。
　一方、気づきの研修での留意事項は、学ぶよりも研修を通じて自分自身が何に気づくかが大切である。階層別研修は、気づきを大切にした教育プログ

ラム実施により将来にわたる成果が期待できる。

③ 集合研修を受講させる際の留意事項
A．知識習得型研修は他の教育手段と連動して効果を上げる

財務・法務・税務スキルなどのテクニカル・スキルの基本研修は、事前の自己啓発を前提として受講させることが望ましい。したがって、部下を知識習得型研修に派遣する際には、できるだけ早目に受講予告を行い、その研修テーマに関連して本人が過去に受講した通信教育の教材や参考書などを見直しておくよう指導するとよい。

また、集合研修から帰った後は覚えてきた知識を活用して、例えば、実在するお客様企業の財務分析を実際に自分の力でやらせるなど、その後の実務に活かす機会を与えると学んだ知識の再確認ができて効果的である。そのほかに、店内で勉強会の講師役をやらせることによって、学んだ知識の再確認をさせることも効果的であろう。

B．気づきの研修はその成果を営業現場で活かす工夫をする

代表的な気づきの研修である階層別研修では、研修を境に仕事に対する心構えや態度の変容が期待されている。しかし、研修会場で理解できたと考えていた事柄でも、職場に戻ると、受講後数日から数週間で研修前の状況に戻ってしまうケースが往々にして発生する。したがって、部下が受講した階層別研修の狙いや中身を上司は十分に理解したうえで、職場活動の中でフォローすることが重要である。

部下が階層別研修を受講してきた場合には、どんなカリキュラムで何を勉強し、部下がその過程で何を感じ、今後の仕事にどう活かしたいと考えたかを、研修報告書だけでなく口頭でも確認し、浮き彫りになった今後の改善課題を部下との間で共有してフォローしていくことが大切である。

C．その他の留意事項

Off-JTには、自金融機関以外に外部の様々な教育機関が主催する研修がある。最近、都市部では、早朝や夜間に開催される比較的参加しや

すい短時間の講座も増えている。

　興味が湧く講座が見つかった場合には、その機会を大いに活用して積極的に参加させるとよい。他業界の事例やメンバーの学習に対する取組姿勢がよい刺激となり、相互研鑽できる。将来、これらの講座や勉強会に参加してよかったと思う時がきっと来る。それは、本人にとって大きな財産となり、自信につながるはずである。

　人と同じ努力をしているだけでは明るい未来を拓くことが難しい厳しい時代に我々は生きている。反面、人並み以上に努力した結果は、必ず報われる時が来るはずだ。部下には、それを信じて前向きに様々な教育機会を活用するよう指導しよう。

(3)　ＳＤ（＝Self Development：自己啓発）
　本人の自発的な取組みにより行われるのが、自己啓発である。

①　自己啓発の特徴
　自己啓発の長所は、次の各点である。
・自発的勉学のため、最も効率的かつ効果の上がる学習法である。
・学ぶ内容を限定することなく、広い分野の中から選択できる。
　一方で、次の欠点が指摘されている。
・持続させるのが難しい。
・仕事に直結しないケースが多く、学習効果が仕事にすぐに表れない。
・単独での学習のため、その成果を計りにくい。
　どのような業種に勤めていようと、自己啓発は社会人として生活をしていく上で欠かすことのできない取組みである。したがって、大きな目標に向けた自己啓発を持続して行う習慣づけを工夫する必要がある。
　自己啓発を持続させる手法としては、次のような事例がある。

> ・資格試験の受験を職場で公表して、勉強を開始する。
> ・仲の良い友人と同じテーマの学習をし、情報交換し合う。
> ・飽きない範囲の期限を定め、期限到来ごとに自分をお祝いする。
> ・手取り給料の３％を自己啓発資金として、自分へ投資する。
> ・自分が最も好きな趣味をやめて、自己啓発に集中する。
> ・鞄にはいつもジャンルの異なる３種類の本を入れて持ち歩く。

　いずれにしても、仕事のある平日に多くの時間を自己啓発のためにとることは難しい。通勤時間などの細切れの時間をうまく活用することが重要である。１週間単位のスケジュールを立て、こまめに取り組んでいきたい。

②　自己啓発で学ぶ内容

　知識・技能などのテクニカル・スキルの習得には、自己啓発は最適な方法である。先にも述べたとおり、テクニカル・スキルは、"早い者勝ち"の世界である。教育担当部門からは基本的な学習スケジュールが示されるであろうが、それにこだわることなく、興味の湧く項目の学習は自分のペースで積極的に早目に学んでいくのがよい。

　ヒューマン・スキルやコンセプチュアル・スキルは、基本的には様々な体験の中で習得していくものである。地域の行事や集まりなど、様々な機会を見つけ、積極的に参加して、自らの人間力を磨く活動を続けるとよい。

　なお、新聞を毎日しっかり読む習慣が意外とできていない。読んでいても自分の興味がある記事だけを読んでいるケースが多いようだ。金融機関に勤める人間は、社会全体の動向を常に広く知っている必要がある。好き嫌いで新聞記事を選んではならない。金融面や地域経済・社会面だけでなく、一面記事は必ず毎朝すべて読む習慣を身につけよう。

③　自己啓発の進め方

Ａ．従来からある自己啓発の手段

　　　通信教育教材や、銀行業務検定試験対策教材などによる自己啓発が、最も典型的な自己啓発手段である。また、中小企業診断士、ＦＰ技能士

など、公的資格試験取得に関連する通信教育講座や外部試験対策講座開講機関での自己啓発も、多くの行職員が行う自己啓発の手段である。

　これらの自己啓発手段は、添削問題や試験結果を通じて自分の実力を確認できることと、学習スケジュールがある程度示され、同様の学習をする仲間からの刺激もあるため、自己啓発の手法としては比較的取組みやすい。少なくとも30代前半までは何らかのテーマを定め、通信教育や資格取得を目指した自己啓発を持続していかれることをお勧めする。

Ｂ．地域金融機関の行職員に勧めたい自己啓発

　地域金融機関の使命は、地域経済社会の発展に寄与することであることは、冒頭の章で述べたとおりである。また、仕事上の必要性から、これまでにも地域経済や地域社会に関する情報を多く保有している行職員は多い。

　そこで、「地元の産業界の分析研究」をテーマとした自己啓発をライフワークとして取り組んでいかれることを、特に地域金融機関の行職員にはお勧めしたい。

　地元の産業界全体に関する情報はもとより、個別企業に関する経営情報や業績好転が伝えられた企業に関する新聞記事等を収集し、自分なりに整理し分析していくと、その過程を通じて地元優良企業の経営手法も同時に学ぶことができ、将来に向けた大きな財産になるはずである。その気になって地元の図書館を巡ると、地元の産業や個別企業の隠れた歴史も知ることができ、営業活動での話題も自然に増え、視野も広がる。

　地域情報を蓄積し、地域に関する書物を将来出版するくらいの意気込みで若いうちから取り組むと、仕事にも役立つだけでなく、自身の人生を彩る貴重な財産となるはずである。

4．部下育成の具体事例

　ここでは、管理者が部下指導に際して経験するいくつかの事例を取り上げ、様々な問題や対策を検討しよう。

第6章　部下育成の進め方

＜事例6－1＞……………………………………………………………
小原代理：「武山君、君のその服装は、何とかならないかね。いくらノーネクタイと言っても、そのカラーシャツはまずいぞ」
武山君：「そうでしょうか。洗濯もしておりますしアイロンだってかかっていて、夏らしいブルーに緑の柄は、さわやかでしょう」
小原代理：「いや、それはアロハシャツだろ。遊び着はやめてくれ」
武山君：「アロハシャツは、ハワイでは仕事着ですよ」
小原代理：「とにかく、そのシャツは禁止だ！」
　2人の認識は一致しないまま、武山君はアロハシャツの着用を、しぶしぶあきらめざるを得なかった。
……………………………………………………………………………

　髪の毛の色やマニキュア・口紅やシューズの色・形状やヒールの高さ等、服装や身だしなみは各人の感性の問題も絡み、職場での着用の是非判断は、しっかりとした考え方をもっていないと、部下に指導する際にとまどうこととなる。このようなケースでは、次のように考えるとよい。
　業種を問わず、仕事着や職場での身だしなみの基本は、仕事を効率的に行うための機能性と安全性が最優先される。
　それに加えてサービス業の場合には、お客様に提供するサービスと整合のとれた服装をすることが必要となる。なぜならば、製造業や小売業と違い、サービス業の場合、売る物を視覚で訴えることのできない無形物をお客様に提供している。そこで、どのような考え方で、どのような性格・品質のサービスを提供しているかを、売る人の服装で表現し視覚に訴えて示す必要性が出てくるのである。
　医者や警官、飛行機のパイロットやキャビンアデンダント、飲食店の店員などの制服は、まさにそのようにして生まれた造形美である。したがって、金融機関に勤める行員には、金融機関の提供するサービス内容に合致した、折り目正しく清潔感にあふれ、仕事への真摯な取組みを表現する服装がふさわしいこととなるのである。たとえ、アロハシャツやジーンズが仕事着として生まれた経緯があったとしても、それらは金融機関の仕事着にはふさ

わしくない。また同様に、華美な色の化粧も、金融機関の仕事に不釣り合いなものなので、自粛を促されるのである。

＜事例６－２＞..
柴山君：「…お先、失礼します」
川瀬代理：「柴山君、君、いつも挨拶が元気ないねえ。もう少し大きな声で挨拶できないかね。子供のころ、君の親はどんな躾をしてきたんだろうね。君の親の顔を見てみたいよ」
柴山君：「！！」
....

　態度教育の基本は、気がついたときにその場で、事実を事実として伝え、本人が問題点に気づくように仕向けることがポイントとなる。悪い部分が矯正されるまで、部下を信じて何度でも繰り返し行う。根気が勝負である。
　その際、相手の人格を傷つける発言は相手の反発を招くだけで、決してよい結果を生まないということを心得ておくべきである。本人が努力しても直すことができない事柄に関する脅しや嫌がらせまがいの注意は、逆効果であると同時に、管理者自身の人徳のなさまでも露呈することとなる。

＜事例６－３＞..
　当店は来店客が多い。しかしテラー３名は、忙しい毎日を何とか連携して対応し、お客様からの評判もよい。
　定期預金の獲得実績では安川さん（27歳）が秀でている。ボーナスシーズンに入ると、内勤係の目標すべてを一人でカバーするほどの好成績を毎回残す。一方、先輩格の宇野さん（33歳）は淡々と日々を送っている。20代の頃に見せたバイタリティが最近は影を潜めてしまった。また、若手の水田さん（22歳）は接客応対が明るく顧客からの人気が高いものの、業績向上マインドには今一つ物足りないところがある。仕事よりも、趣味の音楽に没頭している様子である。
　いよいよ、冬のボーナスシーズンを迎える。３名の上司として、今年度の

業績目標を達成するため、どう指示を出したらよいだろうか？

　複数の部下を持つ管理者には、それぞれ個性の違う部下に対しても公正感をもって接することが要請される。しかし本事例のように、部下それぞれのスキルや仕事への取組み姿勢に差が生じている場合には、チームとしての協調性にも配慮しながら、慎重かつ的確な対応が求められる。

　具体的なやり方は、実際の状況や部下一人ひとりの性格についての理解が必要ではあるが、今回の事例における１つの解答としては、次のとおり考えることができる。

　従来のように、安川さん一人に期待していては、さらなる業績の積み増しは期待できない。また、他の２名のテラーや事務担当者と安川さんとの間で精神的な溝が生まれてしまい、組織活動として好ましいものではない。

　テラー全員が持てる力を100％発揮するよう、環境作りを行うことが管理者が取り組むべき、この事例のポイントとなる。

　解答例：営業部門や融資部門が行う営業会議に宇野さんも出席させる。そのうえで、ボーナスキャンペーン期間中のテラーの活動計画を、先輩格の宇野さんに企画させる。一方で、店頭セールスの具体的な方法を若手の水田さんへ指導する担当者として、安川さんを指名する。

　安川さんだけではなく、テラー３名の実績を日々一人ひとり個別にフォローし、公平に声かけを行う。また、支店長や次長にもこれまでの経緯と今期の方針を説明し、毎朝の朝礼前などにテラー一人ひとりに励ましの声かけを行っていただくように依頼する。

＜事例６－４＞

　今春、Ａ支店に転勤してきた馬淵君は、初めて営業担当となった。入行店のＢ支店での評価は抜群で、人事部からも当金融機関若手のホープとして太鼓判を押されているだけに、あなたをはじめとした管理者４名は、馬淵君の自発的な活動による成長を期待し、そっと様子を見続けてきた。

4．部下育成の具体事例

　ところがこの半年、担当法人先の融資平残が極端に落ち込むなど、馬淵君の業績は低迷し自信を失くしている様子だった。そして今日突然、あなたに対し本人から、銀行を辞めたいという申し出があった。
　あなたはとりあえず、思いとどまるよう説得したのであるが、今後が心配である。あなたは、これからどう行動したらよいだろうか？

....

　この事例は、第2章の＜事例2－4＞（32頁）の続編である。この箇所もあわせて読み返して検討していただきたい。
　とうとう、辞職を申し出るまでに精神的に追いつめられた馬淵君。最悪の対処法は、精神的な弱さなど馬淵君の側に問題点のあることを前提にして、馬淵君になぜ辞めようと考えたのか、原因を執拗に問い質すことである。馬淵君の口から発せられる言葉をもとに、対策を立て対処しようとすることがかえって事態を悪化させ、馬淵君を辞職へと追い込んでしまう。
　職場で起こる問題のほとんどは、様々な原因が複合的に折り重なった結果、問題点として表面化するのである。そのような状況下で、管理者であるあなたが最初に考えるべきことは、上司としての自分に問題はなかったかという点である。「他責より自責」という言葉をご存じであろう。この事例では、高木支店長をはじめとして、馬淵君を受け入れた店側の体制に問題はなかったかという点を最初に考えるべきだ。

|解答例|：馬淵君が辞職を出した最大の原因は、A支店の高木支店長以下管理者の馬淵君に対する指導法が間違っていたことにある。
　　　　人事部から前任店であるB支店での成績が優秀だったという馬淵君に対する第一印象が強烈であったことから、高木支店長をはじめ管理者は馬淵君を放任し、その仕事ぶりを静かに観察した。
　　　　ところが、営業は馬淵君にとって初めての仕事である。たとえ最高学府の出身者であろうとも、金融機関に入ると、最初に先輩・上司から札勘を手取り足取り教えてもらう。経験したことのない初めての職務に就いた人には、その仕事の進め方を1つひとつ指示し、言われたようにやらせることが、的確な教育法である。

放任して自由にやらせるのは、ベテラン行職員に対する指導法である。初めての営業職に就いた馬淵君は、右も左もわからないなかで、周囲からは"そっと様子を見続け"られることで苦しみ、とうとう辞職を決意せざるを得なかったのである。

　これからのあなたは、そんな馬淵君の心の痛みを感じとったうえで、現に馬淵君の抱えている仕事を、1つひとつ聞き取り、親切・丁寧にハウツーレベルの指導を行うことが肝要である。その取組みが、馬淵君を立ち直らせることとなる。優秀と太鼓判を押された馬淵君であるからには、きっと覚えるのは早いはずである。それでも馬淵君の態度に変化が現れなかった場合には、別の要因が隠れている可能性がある。親身に馬淵君の悩みを聴くとよいであろう。

　人材育成は、一朝一夕に進むものではない。本来、5年、10年という長期スパンで考え、進めていくものである。そのことを十分念頭に置いたうえで、今あなたの部下となっている一人ひとりの将来に夢を託して、現在教育すべき事柄を手順を踏んで地道かつ着実に進めていってもらいたい。

　部下の動きや発言に変化が認められ、成長が実感できた時に、あなたは、人を指導する真の喜びを味わうことができるのである。

第7章
優れた管理者の要件

　管理者は、職場組織の中ではお客様と経営陣との中間点に位置すると同時に、職場組織のあらゆる部門や階層との接点をもつ存在である。それだけに、良くも悪くも組織力を左右する中核的と存在として、管理者には大きな期待が寄せられ、その動静は常に各方面から注目されている。

　最終章となったこの章では、勤務先の管理者という枠を超え今後の地域経済を支えていくことが大いに嘱望される金融機関の管理者に求められる職業観や職場でのあるべき姿、進むべき方向性などについて検討し、これからの職場人生を実り多いものとするために心得ておいていただきたい、いくつかの大切な指針を述べることとする。

1．人生の中の職場生活

　人は誰もが、過去に数々の素晴らしい体験をし、同時に苦い経験も何度か乗り越えて、現在を生きている。これまでに生活してきた環境が、人格形成に多大な影響を与えているはずである。自分の過去を振り返ると、様々な思いが心をよぎるであろう。しかし、人は過去を振り返って、現在の自分を評価すべきではないだろう。過去の体験や思い出は、自分の今を形作った貴重な財産として、心の片隅にしまっておけばそれで十分である。

　むしろ人は、現在の生き方とこれからの人生に賭ける夢で、自らを評価すべきであろう。人生は、誰もが"七転び八起き"であり、"塞翁が馬"である。今を懸命に生きることがすべてである。今を精一杯生きることで、さらに明るい未来を、より確実に手許に引き寄せることができる。

　しかし、ただただ明日を信じて成り行き任せで今を生活していくだけでは、いかにも心もとない。経営に戦略的経営があるように、人生にも戦略があるはずだ。

　ここで、あなたのこれからの人生をじっくりと考えてみよう。図表7－1は、一生と1日の生活を平均寿命80年余として、図式化したものである。

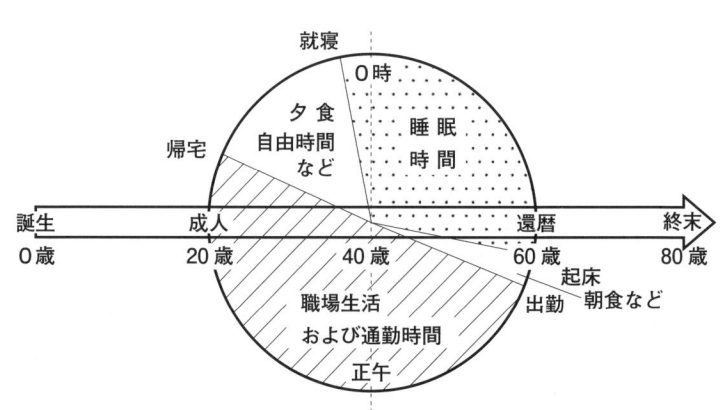

●図表7－1　一生と1日の生活

この図から、私達は、20歳から還暦前後までの約40年間を、仕事を中心とした職場生活の中で過ごすことがわかる。この期間は人生の中心に位置し、精神的にも肉体的にも最も充実した時期である。この大切な期間を、職場を中心とした生活で過ごすこととなる。したがって職場は、あなたの人生を左右する大変重要な場ということになる。

そうであれば、職場生活を自分にとって充実した活動の場となるよう、工夫することが重要になってくる。

アメリカの組織心理学者であるエドガー・H・シャインは、人が職場でキャリアを形成していくうえで、大切にしたいと考えている価値観（キャリア・アンカー）として、次の8項目を挙げている（エドガー・H・シャイン著、金井壽宏訳『キャリア・アンカー』白桃書房、26頁）。

「専門・職能別コンピタンス」　「全般管理コンピタンス」
「自律と独立」　　　　　　　　「保障・安全」
「起業家的創造性」　　　　　　「奉仕・社会献身」
「純粋な挑戦」　　　　　　　　「生活様式」

人の価値観は、千差万別である。上記の複数項目を同時に大切な精神的拠り所と考えて、日常業務に取り組んでいる人も多いであろう。

あなたにとってのキャリア・アンカーは、何だろうか。また、退職時における、あなたの理想の姿とは、どんな状態だろうか。二度とないこれからの人生をじっくり考えてほしい。

金融機関に勤めるあなたは、すでに社会人として、十数年あるいはそれ以上の歳月をおくってきたことであろう。これからも数年に1度の頻度で、転勤や異動を繰り返す職場生活を送ることになろう。その度に様々な人々との出会いが待っているはずだ。人生を左右しかねない予期せぬ困難にも巡り会うだろう。そして、多くの方々の支援を受けながら、自分自身の意思と努力で困難を克服するとともに、チャンスが到来したときには最大限にその機会を活かし、自らの人生を歩んでいくことを望んでいるだろう。

あなたの人生を創るのは、あなた自身である。金融機関の社会的な使命と自分自身の生きがいとを重ね合わせながら、退職時までの自分のビジョンを描くことができる年齢にすでにあなたは達している。

熊本県出身の仏教詩人である坂村真民が著した『念ずれば花ひらく』という有名な詩をご存じであろうか。人は、自分の思いを念じたとき、初めて成功への道が拓かれるのである。

自分自身の職場生活における成功ストーリーを描こう。あなたにふさわしい到達目標を描こう。今、描いた成功ストーリーは、明日には心変わりして違ったものとなるかもしれない。それでも構わない。現在のあなたの思いをしっかり胸に刻もう。そして、その実現に向けた歩みを、一歩一歩地道にスタートさせよう。

2．金融機関の事業に自負心を持つ

経済環境の変化をダイレクトに受けるのが、金融機関の経営である。資金需要は長年にわたり低迷を続け、金融緩和政策によって市中に資金がだぶついているにもかかわらず、日本の経済成長率は年率数％がやっとの水準が長期間にわたって続いている。現在の厳しい環境下、もともと高固定費体質の金融機関の経営は、きわめて厳しい環境に身を置いている。

そのような経営環境の中で、管理者であるあなたは、第1章でも述べたように、多忙極まる毎日を送っている。毎年大きな業績目標が設定され、その達成に向けた活動に追われる日々を過ごしている。仕事の内容も、年々複雑さを増し高度化しており、神経をすり減らすような出来事の連続である。目先のことだけに没頭していると、苦しい思いだけが募ってしまう。

しかし一歩退いて、あなたの勤める金融機関について、冷静に見つめ直してみよう。

金融機関は、市中に溢れる余裕資金を吸収し、社会的に必要とされる分野へ再投資を行い、結果として国民経済全体における資金効率の最適な運用を実現する、きわめて公共性の強い事業を展開している。国民生活になくては

ならない存在である。

　厳しい経済環境だからこそ、経済界ならびに一般社会から寄せられる金融機関への期待は、むしろ日に日に大きなものとなっている。今や、単なる金融仲介業としてだけではなく、経済・社会・経営・生活などに関する情報の発信基地として、また地域活性化に向けお客様企業への経営支援・コンサルティング機能を発揮する存在として、金融機関には大きな期待が寄せられていることは、これまで述べてきたとおりである。

　あなたは、地域社会から寄せられる幾多の期待に応えるべく、金融事業を通じて地域経済社会の発展に貢献する使命を担い、日々努力を積み重ねて種々の付加価値をお客様に提供している。

　人の一生を考えた場合、金融機関ほど広範囲な分野の方々と接する機会のある職業は他に見当たらない。自らの視野を広げ、能力を磨く機会も多い金融機関の仕事は、まさにあなたの一生を賭けるに相応しい、誠に働き甲斐ある仕事と言えるだろう。

　管理者であるあなたが、仕事に対して自負心をもち、積極性に富む活動を続けることにより、部下の仕事に対する取組み姿勢も、おのずから前向きとなり、向上心が増すこととなる。組織力も強化され、よりハイレベルで達成感のある仕事を成就させることが可能となる。

　縁あって、あなたは金融機関に勤めることとなった。そして組織を束ねる責任と権限を有する管理者となった。人生にこの機会を与えられたことを、心から感謝しよう。社会から期待されている様々な機能を果たすべく、日夜努力を続けている金融機関組織とあなた自身に対して、健全な自負心をもち、常に謙虚な姿勢を貫いて目の前の仕事に取り組もう。

3．プロフェッショナルであり続けよう

　金融機関に勤めたあなたは、一人の行職員として立派な成果を上げた。それがきっかけで、経営陣から複数の行職員を統括する組織を運営・管理して金融事業を展開することを任せることができる人材であることを承認され、

第7章　優れた管理者の要件

あなたは管理者となることができた。管理者に登用されたことは、その道のプロフェッショナルとして認められたと解釈できる。

それでは、金融界に身を置く"プロフェッショナル"とは、どのような存在であろうか。具体的に考えてみよう。

(1) 融資事業に関する知識を有していること

図表7－2を参照願いたい。この図は、平均的な地域金融機関の貸借対照表、および本業における費用控除前の収益を示す損益計算書の営業収益の概要を、大きな勘定科目から順に簡略化したものである。

貸借対照表からは、お客様から預金を集め、その調達資金の多くを貸出で運用し活用している地域金融機関の財務構造がよくわかる。一方、営業収益の状況からは、地域金融機関の収益は、その60％前後が、貸出金利息で占められていることがわかる。

最近では、預かり資産勘定の増加で役務取引等収益が増加傾向にあるとはいうものの、預金を集め、融資を行う事業が地域金融機関の主要業務であることは一目瞭然であろう。

●図表7－2　地域金融機関の一般的な財務状況

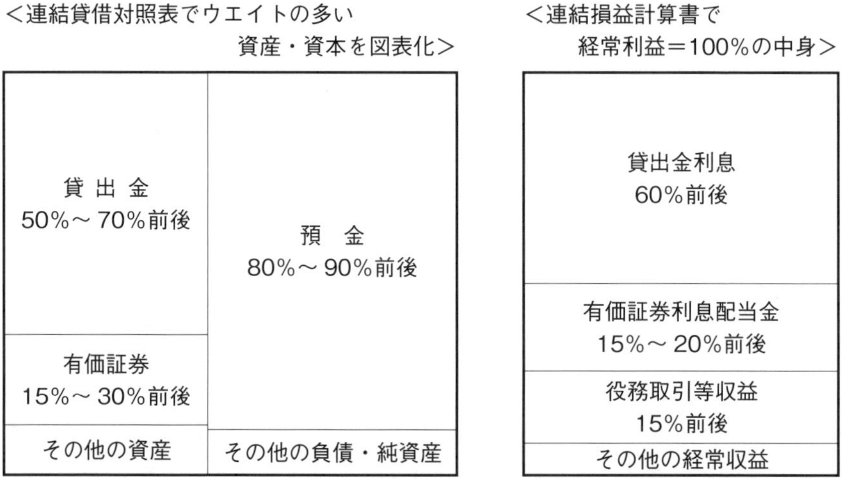

＜連結貸借対照表でウエイトの多い資産・資本を図表化＞

貸出金 50％～70％前後	預金 80％～90％前後
有価証券 15％～30％前後	
その他の資産	その他の負債・純資産

＜連結損益計算書で経常利益＝100％の中身＞

貸出金利息 60％前後
有価証券利息配当金 15％～20％前後
役務取引等収益 15％前後
その他の経常収益

3．プロフェッショナルであり続けよう

　したがって、あなたが金融機関に勤務するプロであるためには、融資事業に精通していることがまず必須要件となるであろう。もちろん海外取引や証券業務、システム開発部門等のプロとして活躍する人材も金融機関には多く在席する。しかし、そのような分野で活躍する人達にも、融資事業の基本スキルは、職務遂行上欠くことのできないスキルである。

　残念なことに、近時の金融機関には役席と呼ばれる人の中にも、財務分析が苦手という人がいる。財務分析がシステム処理されるようになったことが、スキル劣化の主な要因であると言われる。しかし、理由はともかく、お客様の決算書を見たとき、そこから業績動向や経営課題などの企業実態を導き出すことができないようでは、とてもお客様の期待に応えることはできない。

　また、退職した後の第二の職場で、財務・経理部門を任される金融機関出身者が多い。転職先の企業では、金融機関出身者なので、きっと企業財務・経理に強いであろうと期待するのである。ところが、「経理はともかく、決算書が読めず、損益分岐点分析さえ使いこなせないことがわかり愕然とした」という経営者の声を時に聞く。

　財務分析スキルを例にとったが、税務や金融法務・ＦＰ・証券・外為などの基礎知識は、金融界で身を立てようとするプロフェッショナルには、最低限必要な必須スキルである。第６章でも述べたとおり、これらのテクニカル・スキルは、"早い者勝ち"の世界である。あなたがもし、現状のスキルでは不十分だと考えるならば、至急習得に努める必要がある。またこの分野は、国際化が急速に進展しており、毎年様々な法改正が行われている。常に新聞報道などに留意し、新制度の理解のための勉学を継続して行っていくことが肝要である。

(2) 経営者と経営談義ができるスキルを有していること

　お客様の期待に応えることができるのがプロフェショナルであるとするならば、経営者を相手に経営について忌憚なく会話できることが、金融機関に勤めるあなたにとっての必須条件となろう。

それでは、具体的にはどのようなスキルが必要であろうか。

経営者の多くは、数十年間にわたり、自分自身の事業に携わっている。したがって当該業界や取り扱っている商品・サービス分野については、あなた以上に深い知識をもち、精通していることは間違いない。したがって、この観点で経営者と対等に話をしようとしても、お客様にとって有意義な会話とはならない。

あなたは、金融機関に勤めている利点を活かした接し方をすべきであろう。金融機関に勤務することの利点として、次の3点が考えられる。

> ① 常日頃から様々な分野の業種の経営者と接する機会が多く、視野が広がる。
> ② 金融機関の組織力・情報力を活かし、経済・金融動向や業界情報のほか、地域を面で捉えた様々な企業情報を有し、活用できる。
> ③ 経済・経営・金融・マーケティング・海外取引などについての高度な知識を体系的に学び、総合的かつ客観的に経営実態を把握するスキルを習得する機会に恵まれている。

これらのスキルは、裏を返せば企業経営者の苦手とする側面でもある。ここに、あなたが経営者と差し向かいで有効な経営談義のできる余地がある。

転勤や異動を繰り返す過程を通じて、金融機関の行職員は、実に様々な業種のお客様と出会うことができる。また、本部や提携先の各種情報機関には、予想をはるかに超える多くの貴重な情報が蓄積されていることが、活用してみるとわかるはずだ。あなたは、これからの長い金融機関生活の中で得られる様々な情報を順次蓄積し、活用するとともに、③に挙げた経営に必要な知識を自己啓発により体系的に習得して、経営者との会話に活かしていくことができるのである。

一般に経営者は、社内に相談相手がいない孤独な存在である。経営相談をコンサルタントなどの外部の専門家に依頼することはできるものの、常にそれに頼ることは非現実的である。そのような環境で、気軽に相談相手になっ

てくれそうな候補者が、取引先金融機関の行職員である。経営上の悩みや事業についての相談を親身になって聴き、的確なレスポンスを返してくれる金融機関の行職員が身近にいてくれれば、孤独な経営者にとってこれほど頼りになる相手はいない。

経営課題を的確に指摘し、効果的・効率的な解決策の提示までを完璧にできなくても構わない。広い視野と多くの情報をバックボーンに持ち、経営課題の解決に向けた様々なヒントを取引先の経営者に提示することのできる金融マン・金融ウーマンが、これからの時代に求められる金融界におけるプロフェッショナルと言えるであろう。

(3) 管理者としてプロフェッショナルであること

一般行職員が一定水準以上の成績を上げただけで、自動的に管理者になれるわけではない。第2章で述べたとおり、管理者に登用されるとともに、管理者として果たすべき役割が新たに発生する。その役割を果たすことができると期待できる人材だけが、管理者になれるのである。

したがって、管理者としてプロフェッショナルであるためには、第2章で挙げた役割の1つひとつが果たせる人材であるということになる。

図表7-3は、管理者としての日常活動を再確認するためのチェックリストである。それぞれの質問に対してあなたの現状を自己採点し、第2章をはじめ、本書の各所で解説した内容を再読して、自分の強みと考えられる部分はさらに強化するとともに、弱点の克服に努め、管理者としてプロフェッショナルになることを目指してほしい。

●図表7−3　管理者としてのプロフェッショナル度、チェックリスト

	内　　容	自己評価
1．対人関係の役割		
①	管理者印を押印した案件は、すべて自分の責任で決裁した事項であるという、当事者意識をもっている。	○・△・×
②	部門の仕事で有用と思われる内外ネットワークの拡充に努め、それを活用している。	○・△・×
③	理想とする担当部門の将来像を想い描き、それを部下に熱く語り、達成に向けた取組みを推進している。	○・△・×
④	上司の日々の仕事やスケジュールに気を配り、上司に役立つ情報提供や提案を行っている。	○・△・×
⑤	同僚の管理者と、自金融機関や営業店の経営方針を話題にした会話を頻繁に行っている。	○・△・×
⑥	過去1年間に、部下の仕事環境を良くするための具体策を積極的に進め、いくつかの改善を実現した。	○・△・×
⑦	各部下の個性を理解したうえで仕事ぶりを観察し、支店長合意のもと、部下育成計画を継続して推進している。	○・△・×
2．情報関連の役割		
⑧	毎朝始業時には、必ず店内全体の体制を確認し、当日の仕事の段取りを指示・監督している。	○・△・×
⑨	毎日の仕事の進捗状況を管理するための指標項目と基準時刻を定め、日々チェックしている。	○・△・×
⑩	部下への口頭による仕事の指示・命令や、文章類の伝達に齟齬が発生しないための工夫をしている。	○・△・×
⑪	他部門との各種情報のやりとりの内容はすべて管理者であるあなたが知っており、統制できている。	○・△・×

3．プロフェッショナルであり続けよう

⑫	部下などから収集したお客様情報を集計し、営業や接客の改善に役立つよう、加工・分析・活用している。	○・△・×
⑬	自発的に各種営業情報を提供してくださるお客様の情報収集チャネルを持っている。	○・△・×
⑭	部下がもたらす各種営業情報に対し、金融のプロとしてコメントする十分な知識を保有している。	○・△・×

3．意思決定の役割

⑮	担当部門の仕事・人間の両面にわたり、改善・変革すべき課題を明確に自覚し、解決策を推進している。	○・△・×
⑯	年間業務計画が確定する前に、担当部門の次年度目標に関する自分の考え方を上司に進言している。	○・△・×
⑰	業績目標達成までのストーリーを（担当者を巻き込むなどして）考え、指示し、実行状況をフォローしている。	○・△・×
⑱	部下一人ひとりの仕事と役割を納得できるように説明し、その内容を部下全員に明示している。	○・△・×
⑲	あなたの担当部門は、ミス・クレーム・トラブルが起きた際に、組織で対処する体制が整っている。	○・△・×
⑳	仕事の繁閑に合わせ、他の部門と連携しながら協力し応援し合う取組みを、日頃から行っている。	○・△・×

第1回自己チェック日付（　　年　　月　　日）
集計　：　○→　　項目、△→　　項目、×→　　項目

第2回自己チェック日付（　　年　　月　　日）
集計　：　○→　　項目、△→　　項目、×→　　項目

第3回自己チェック日付（　　年　　月　　日）
集計　：　○→　　項目、△→　　項目、×→　　項目

4．王道を歩む

　すべての個人・各種団体・企業をお客様に持ち、広範囲にわたり公共性の強い事業を営んでいるのが金融機関である。一方、金融機関が事業として取り扱う"お金"は、どのようにでも変身可能な、きわめて無機質な存在である。それだけに様々な思惑や邪念に巻き込まれやすい性格を帯びている。

　そこで、金融事業を営んでいくにあたっては、社会全体から完璧なまでに公正な判断を下すことが要請されている。お客様から信頼され、お預かりした資金を別のお客様に融資する最終判断を下す際、目が曇っていてはならない。手数料収益を上げることだけに追われ、お客様が保有することとなるリスクの説明を曖昧なままにして各種証券類などの預かり資産勘定にまつわる商品を販売してはならない。人目を意識して、自金融機関や自分自身にとって不都合なミスを隠匿してはならない。

　お客様から寄せられる信頼感に支えられて、金融機関は経営を続けることができるのである。その信頼感を傷つけることなく、普段から適正な判断を下すことができるよう、広い視野とバランス感覚を磨くとともに、体調管理に留意し、自らを鍛える訓練が欠かせない。

　誰もが言うように、読書をしよう。日頃の忙しさと神経をすり減らす仕事に追われた結果、いつの間にか読書から遠ざかっていた人は、自分の興味がわく分野から読書を始めるとよい。普段から読書に親しんでいる人は、原文で古典を読むことにチャレンジしてほしい。何十年あるいは何百年と読み継がれてきた書物には、普遍的な良さが必ずある。それらに触れる機会を多くもつことにより、あなたの知性は磨かれ、品格が身につく。人としての見識が鍛えられるのである。

　友達付き合いを始めるのならば、自分にない魅力をもった人との交流を深めよう。後ろ向きに"同類相憐れむ"の世界に陥らないように意識しよう。

　人は普段、生活の中では皆親切であり、思慮深いものである。ところが、時として、「どうして、あの人が！」「まさか、そんな人とは思っていなかっ

た！」といった声が上がるようなことが起きる。それは、人が窮地に陥った際、日頃の精神や肉体の鍛え方の差を露呈してしまう結果として起こる誤謬や過ちなのである。

　自分を除くすべてのメンバーが前に進もうと訴えた際でも、もしその方向が誤りであると確信した場合には、あなたは人目を気にせず最後の砦となって、全員に踏み留まるよう説得をしなければならない。その時に、もしあなたが正論を曲げ「まあ、いいや」で済ませてしまうと、組織は支柱を失い、一気に崩壊に向かって走り出す。「ならぬものは、ならぬ！」と胸を張って言える胆力が、管理者には必要である。同時に、正当と判断できる事柄に対しては、自らの意思でその夢の実現に向け全力を傾注する覚悟が管理者には必要である。

　堂々と正論で訴え、細心の注意力と大胆さを兼ね備えた判断力を発揮して仕事に打ち込むことは容易ではない。ここぞという時には、健全な精神と健康な肉体、そして胆力・覚悟とともに、卓越した集中力が必要になる。人の判断力は、１つひとつの経験の中で下した判断の成否を常に見つめ続ける中で鍛えられ、着実に進歩していくのである。

　自分を信じて焦らず、常に道の中央を堂々と歩もう。そして焦ることなく、階段を一段一段、着実に登っていこう。

5．生涯を通して成長を続ける

　あなたは、"菩薩"を知っているだろうか。広辞苑によると、"菩薩"とは、「成道以前の釈迦牟尼仏及び前世のそれを指していう」あるいは、「仏陀となることを理想として修業するもの。大多数は在家信者であるが、中には僧形のものもある」とされている。すなわち、仏陀になることを願い修行を続けている僧が、"菩薩"の姿である。

　完璧な人間は、誰もいない。すべての人間は、死に至るまでの生涯を通して自らの心身を鍛え、今よりも少しでも進歩し、前に進もうと努力を続ける、まさに"菩薩"としての生活を続ける側面をもつ存在であると考えるこ

とができる。

　あなたが職場生活をおくる金融機関の現状を眺めてみよう。そこは決して生やさしい場ではない。高度な知識・技能が要求されるうえに、通常ならば長年の経験を踏んで初めて得ることができる様々な能力も、若いうちから発揮することを求められる。仕事の種類も多種多様である。年々多様化するとともに、仕事量も増加の一途をたどっている。そのような中できわめてストレッチな業績目標が課せられている。あなたの働く職場は、"菩薩"として人間を磨き成長を促すに誠に相応しい場と考えることができよう。

　順風満帆な人生がいつまでも永遠に続くことはない。様々な困難にぶつかる。しかしその都度、人々は努力を重ね困難を克服し、新たな成長をしていく。あなたの職場では、あなたを含め若手の部下に至るまでのすべてのメンバーが、毎日努力を積み重ね、成長を続けている。

　日本の経営の強さは、入社した新人を長い期間をかけて育て上げる、他に比類のない人材育成システムにあった。ところが現在、多くの企業で、有期雇用形態の社員が増加する一方、正規雇用社員の多くが入社後すぐに営業などで独り立ちする人事政策がとられている。長期間にわたり計画的に人を育てる日本企業の教育システムが根底から崩れ去ろうとしている。存亡の危機と言ってもよい状況にある。

　それでは金融機関も、この時代の流れに身を任せてよいのだろうか。序章でも述べたように、単なる資金仲介業以上の機能を果たすよう社会から要請されているのが、現在の金融機関である。社会からの期待に立派に応えてゆくためには、高度で幅広い知識と豊かな人間性を併せ持つ多くの人材が必要である。人材格差が企業格差に直結する業界である。企業内部での長期にわたる人材教育を抜きにして、このような人材を大量に育て上げることは不可能である。

　部門統括者として組織を束ねる立場にあるあなたには、ぜひ部下の努力する姿を温かく見守る視点と、人を育て上げる情熱を忘れずにいてもらいたい。成長の速い人もあれば、遅い人もいる。同一人物でも、成長のスピードは年とともに早くなったり遅くなったりを繰り返す。

5．生涯を通して成長を続ける

　誤解を恐れずに述べれば、幾多ある経営資源の中で、使えば使うほど成長するのは人だけである。正しくは、「鍛えれば鍛えるだけ無限に成長を続けるのが、本来完璧ではない人間の特性である」と表現すべきだろう。

　あなたは管理者として、日々様々な部下と接している。影となり、時には光を浴びながらも、あなたのもとで地道に働いていた人物が大成し、立派に成長した姿を発見した時、あなたは人生最大の喜びを感じることであろう。これは、あなた自身の職場人生における成功の証でもある。

　人は生涯を通して成長し続ける。それを信じて大きな包容力をもって部下の育成に取り組み、部下と共に成長する管理者を目指してほしい。

参考文献

青木武一『パワー理論で人を動かす』(ダイヤモンド社、1983年)
青木武一『リーダーシップ－状況理論の活用』(マネジメント社、1993年)
伊丹敬之『経営戦略の論理(第3版)』(日本経済新聞社、2003年)
林田正光『リッツカールトン元支配人が学んだ一流のホスピタリティ心得』(こう書房、2009年)
若松義人『トヨタが「現場」でずっとくり返してきた言葉』(PHP研究所、2013年)
C.I.バーナード『新訳　経営者の役割』山本安次郎・田杉競・飯野春樹訳(ダイヤモンド社、2010年)
エドガー H.シャイン『キャリアアンカー──自分のほんとうの価値を発見しよう』金井壽宏訳(白桃書房、2008年)
ジョン・P・コッター『リーダーシップ論(第2版)』DIAMONDハーバード・ビジネス・レビュー編集部・黒田由貴子・有賀裕子訳(ダイヤモンド社、2012年)
ヘンリー・ミンツバーグ『マネジャーの仕事』奥村哲史・須貝栄訳(白桃書房、2008年)
ヘンリー・ミンツバーグ『マネジャーの実像』池村千秋訳(日経BP社、2011年)

＜著者紹介＞

杉谷 哲夫（すぎや てつお）杉谷能力開発研究所 所長

　滋賀大学経済学部卒業後、株式会社東海銀行入行。各支店勤務のほか、事務管理部および融資部の各企画部門に勤務。
　その後、株式会社東海総合研究所（現、三菱UFJリサーチ＆コンサルティング株式会社）に出向。能力開発部、教育事業部、セミナー事業部にて、新入社員から経営幹部に至る各種階層別研修、営業・財務関連の職能別研修ならびに経営幹部・後継者育成講座の企画および講師を担当。
　2011年退職後、現在に至る。主な研修講義先として、メガバンク、地方銀行、信用金庫、信用組合、一般会社、各種協会ほか多数。

【主な講演・研修内容】
・経営戦略・経営計画の作成、および経営戦略・経営計画の現場への浸透・具体的行動計画への展開
・組織活性化、コミュニケーション力強化指導
・財務分析、企業実態把握、金融機関行職員対象のソリューション営業指導
・顧客満足経営推進指導
・OJTなどを含む教育研修体系作成、実施指導、

【主な資格等】
・全能連認定マスター・マネジメントコンサルタント
・一般社団法人日本経営士会会員（会員番号4788）
・経済産業省認定　最高財務責任者（K-CFO）

管理者になったら読んでおきたい　営業店マネジメントのすべて

2013年8月20日　初版第1刷発行	

著　　者　　杉　谷　哲　夫
発 行 者　　金　子　幸　司
発 行 所　　㈱経済法令研究会
　　　　　〒162-8421 東京都新宿区市谷本村町3-21
　　　　　電話代表 03（3267）4811 制作03（3267）4897

営業所／東京03（3267）4812　大阪06（6261）2911　名古屋052（332）3511　福岡092（411）0805

カバーデザイン／清水裕久　制作／西牟田隼人　印刷／富士リプロ㈱

Ⓒ Tetsuo Sugiya 2013　Printed in Japan　　　　　　　　　ISBN978-4-7668-2320-2

"経済法令グループメールマガジン"配信ご登録のお勧め
　当社グループが取り扱う書籍、通信講座、セミナー、検定試験に関する情報等を皆様にお届けいたします。下記ホームページのトップ画面からご登録ください。
　　☆　経済法令研究会　https://www.khk.co.jp/　☆

定価は表紙に表示してあります。無断複製・転用等を禁じます。落丁・乱丁本はお取替えします。

図解でわかる 提案融資に活かす 2013年度版
「法人税申告書」の見方・読み方

税理士法人 中央総研 編　●B5判　●208頁　●定価1,890円（税込）

◆『決算書』の粉飾を見抜く！　取引先の実態を把握する！
取引先への提案に活かせる！
「法人税申告書」の見方・読み方を学びます。

◆2013年度版では『**復興特別法人税申告書**』を新たに追加、また、『**(旧)定率法未償却残額表**』の事例を追加するなど、内容を一新！

実際の書式で重要項目が一目でわかる

見やすくてわかりやすい構成！

対話形式で着眼点が実務につながる

目　次

~プロローグ~　「決算書」と「法人税申告書」で粉飾決算を見破れ!!

法人税申告書

- 01　別表1(1)　—取引先のアウトラインをつかむ—
- 02　別表2　—株主構成をつかみ、事業承継対策の提案を行う—
- 03　別表3(1)　—この別表があるのは、儲かっている会社である証し—
- 04　別表4　—所得金額の大きさとその中味がわかる—
- 05　別表5(1)　—税務上の純資産額の大きさがわかる—
- 06　別表5(2)　—税金の納付や経理処理状況がわかる—
- 07　別表6(1)　—法人税の前払いである所得税額がわかる—
- 08　別表6(2)　—儲かっている中小企業の節税意欲がわかる—
- 09　別表6(7)　—従業員の雇用が増えたかどうかがわかる—
- 10　別表7(1)　—所得から差し引くことができる欠損金の明細がわかる—
- 11　別表8(1)　—受取配当等の益金不算入額がわかる—
- 12　別表11(1)　—不良債権とその貸倒引当て状況がわかる—
- 13　別表11(1の2)　—将来の貸倒れに対する備えの状況がわかる—
- 14　別表14(2)　—寄付金の損金不算入額がわかる—
- 15　別表14(4)　—100％グループ法人間の資産の売買取引の実態がわかる—
- 16　別表15　—交際費の支出額と損金不算入額がわかる—
- 17　別表16(1)　—定額法による償却過不足の有無がわかる—
- 18　別表16(2)　—定率法による償却過不足の有無がわかる—
- 19　別表16(6)　—繰延資産の償却過不足の有無がわかる—
- 20　別表16(7)　—当期に費用計上した少額減価償却資産の明細がわかる—
- 21　別表16(8)　—3年間の均等償却の状況がわかる—
- 22　適用額明細書　—租税特別措置法の適用で儲けの状況がわかる—
- 23　復興特別法人税申告書　別表1　—復興財源に対する負担額がわかる—
- 24　復興特別法人税申告書　別表2　—復興特別法人税の前払いである所得税額がわかる—

決算報告書

勘定科目内訳書　—勘定科目の中味から決算書の実態をつかむ—

預貯金等の内訳書 / 受取手形の内訳書 / 売掛金（未収入金）の内訳書 / 仮払金（前渡金）の内訳書、貸付金及び受取利息の内訳書 / 棚卸資産の内訳書 / 有価証券の内訳書 / 固定資産の内訳書 / その他の内訳書 / 支払手形の内訳書 / 買掛金の内訳書 / 未払金・未払費用の内訳書 / 仮受金の内訳書、源泉所得税預り金の内訳 / 借入金及び支払利子の内訳書 / 土地の売上高等の内訳書 / 売上高等の事業別の内訳書 / 役員報酬手当等及び人件費の内訳書 / 地代家賃等の内訳書、工業所有権等の使用料の内訳書 / 雑益、雑損失等の内訳書

経済法令研究会　http://www.khk.co.jp/

〒162-8421　東京都新宿区市谷本村町3-21　TEL.03(3267)4811　FAX.03(3267)4803